上海耀中国际学校中文教材编写委员会

愉快学汉语

YU KUAI XUE HAN YU

第 一 册

LIBERATE THE JOY OF LEARNING CHINESE

世界图书出版公司

上海·西安·北京·广州

图书在版编目（CIP）数据

愉快学汉语/上海耀中国际学校编著. －上海世界图书出版公司，2003.7（2015.6重印）

ISBN 978-7-5062-5889-0

Ⅰ．愉…　　Ⅱ．耀…　　Ⅲ．　汉语－对外汉语教学－中学－教学参考资料　　Ⅳ．G634.303

中国版本图书馆CIP数据核字（2003）第046799号

愉快学汉语（第一册）

上海耀中国际学校编著

上海世界图书出版公司 出版发行

上海市广中路88号

邮政编码　　200083

上海艺炎美术设计有限公司设计排版

上海出版印刷有限公司印刷

各地新华书店经销

如发现质量问题，请与印刷厂联系

质检科电话：021-56422678

开本：889×1194 1/16　　印张：10.5　　字数：265 000

2015年6月第1版第6次印刷

ISBN　978-7-5062-5889-0/H·394

定价：78.00元

http://www.wpcsh.com.cn

http://www.wpcsh.com

愉快學漢語

mù lù
目 录 Contents

前　言

本系列教材由上海耀中国际学校编写。上海耀中创建于1993年，作为中国大陆最早的境外投资的国际学校之一，上海耀中涉足汉语作为非母语的教学领域已达十年之久。建校之初，难以找到一套既适合中、小学生使用又符合先进教学理念的对外汉语教材，因而，耀中开始了自力更生，自创教材的探索之路。

根据语言最基本的功能：交际功能，耀中采用了自然学习语言的教学方法。这套教材就是在这样的教学理念与多年的教学实践基础上应运而生的。

本系列教材共分五册，每册都配有练习册。每册教材在语言训练方面各有侧重，但都同时兼顾学生听、说、读、写各方面的均衡发展。第一、二册教材将重点放在听、说训练上，同时潜移默化地进行拼音和汉字书写的教学。经过第一、二册的学习，学生基本上可在日常学习和生活中运用汉语来进行交流，掌握基本汉字的读写，并熟练运用汉语拼音这一语言工具。第三册将负担起教学

重点由听、说到读、写的过渡。通过学习短小而有趣的课文，学生将养成良好的阅读习惯，掌握基本的阅读技巧。同时，学生的写作也将实现由句到段的飞跃。第四、五册将以读、写为教学重点，实用性文体占有相当的比重。通过阅读各类应用文，学生的词汇量得到扩展，并使他们能灵活运用多种阅读技巧，从阅读中获取大量的信息，同时还能使他们学会各类应用文的写作方法，更充分地体验语言的交际性功能。

从1998年起至今，历年修完这套教材的学生参加英国剑桥大学的IGCSE汉语作为外语的大学预科入学考试，都取得了优异的成绩。

好东西愿与大家共享。值耀中七十周年志庆，我们把这教学成果整理出版，愿为所有踏上汉语学习之旅的朋友们提供一条切实可行而又风光无限的道路。

陈保琼　博士

耀中教育机构校监

2003年3月18日

Foreword

This set of books has been compiled by Yew Chung International School–Shanghai. The school was founded in 1993 as one of the first international schools on the Chinese mainland with overseas investment. So far, it has taught Chinese as an additional language for 10 years. When the school first opened, it could not find materials for teaching Chinese to foreigners that suited secondary and primary students and were in line with advanced teaching concepts. Yew Chung therefore began a path that relies on itself and produces its own teaching materials.

Based on the most basic function of a language — for communication, we have adopted the method of learning language in the natural way. This set of teaching materials is the outcome of this teaching concept and practice of many years.

There are five volumes in this set of teaching materials with each having a volume of accompanying exercises. Each volume has an emphasis on language training, but all of them have taken account of the balanced development of students in listening, speaking, reading and writing. Volumesl and 2 emphasize listening and speaking , and at the same time teach pinyin and writing in a subtle way. Through the learning in Volumesl and 2, students will be able to use Chinese in their routine study and lives, read and write the basic Chinese, and use pinyin as a reading tool. Volume 3 will provide the transition of teaching focus from listening and speaking to reading and writing. Through the learning of short but interesting essays, students will form a good reading habit and master the basic technique of reading. At the same time, students' writing ability will take a great stride from forming a sentence to forming a paragraph. The teaching focus in Volumes4 and 5 will be reading and writing. There will be a high proportion of writing for practical purposes. Through the reading of a large amount of practical writing, students will have their vocabulary enriched, and can use various reading skills to obtain a large quantity of written information. At the same time, students will learn various kinds of practical writing and further develop the communicative and practical functions of the language.

From 1998, our students who have completed the study of this course, have scored high marks in the Chinese as a foreign language subject of the UK's International General Certificate for Secondary Education Examination.

At the 70th anniversary of Yew Chung, we have compiled and published this teaching Achievement of ours in order to point to those people, who are dedicated to learning Chinese, a way that is both feasible and joyful.

Dr. Betty Chan Po—king
Director, Yew Chung Education Foundation

dì yī kè　　nǐ jiào shén me míng zi

第 一 课　你 叫 什 么 名 字 ？

dà shān　　　nǐ jiào shén me míng zi

大 山 ： 你 叫 什 么 名 字 ？

mǎ lì　　　wǒ jiào mǎ lì　　　nǐ jiào shén me míng zi

马 丽 ： 我 叫 马 丽 。 你 叫 什 么 名 字 ？

dà shān　　　wǒ jiào dà shān

大 山 ： 我 叫 大 山 。

1

rèn dú hàn zì
【认读汉字】

nǐ　　wǒ
你　　我

mò xiě hàn zì
【默写汉字】

nǐ　　wǒ
你　　我

xué shuō cí huì
【学说词汇】

nǐ
你 . . . . . you

jiào
叫 . . . . . be called as

shén me
什 么 . . . . . what

míng zi
名 字 . . . . . name

wǒ
我 . . . . . I, me

xué shuō jù zi
【学说句子】

nǐ jiào shén me míng zi
1. 你 叫 什 么 名 字?

wǒ jiào dà shān
2. 我 叫 大 山 。

tì huàn liàn xí
【替换练习】

wǒ jiào　dà shān
我 叫 | 大 山 | 。

| mǎ lì |
| 马 丽 |

dì èr kè nǐ hǎo
第 二 课 你 好！

lǎo shī nǐ hǎo dà shān
老师：你好，大山！
dà shān nǐ hǎo lǎo shī
大山：你好，老师！

nǐ hǎo lǎo shī
你好，老师！

mǎ lì dà shān nǐ hǎo ma
马丽：大山，你好吗？
dà shān wǒ hěn hǎo xiè xie
大山：我很好，谢谢！
nǐ ne
你呢？
mǎ lì wǒ yě hěn hǎo xiè xie
马丽：我也很好，谢谢。
zài jiàn
再见！
dà shān zài jiàn
大山：再见！

wǒ hěn hǎo xiè xie
我很好，谢谢！

rèn dú hàn zì
【认读汉字】

zài　　jiàn　　hǎo
再　　见　　好

mò xiě hàn zì
【默写汉字】

hǎo　　jiàn
好　　见

xué shuō cí huì
【学说词汇】

lǎo shī
老 师 . . . . . teacher

nǐ hǎo
你 好 . . . . . hello

hěn hǎo
很 好 . . . . . very good

xiè xie
谢 谢 . . . . . thank you

yě
也 . . . . . too

zài jiàn
再 见 . . . . . good-bye

xué shuō jù zi
【学说句子】

nǐ hǎo　　dà shān
1. 你 好， 大 山 ！

dà shān　　nǐ hǎo ma
2. 大 山， 你 好 吗 ？

wǒ hěn hǎo　　xiè xie　　nǐ ne
3. 我 很 好， 谢 谢 ！ 你 呢 ？

zài jiàn
4. 再 见 ！

tì huàn liàn xí

【替换练习】

1. 你好！
   - nǐ hǎo
   - lǎo shī 老师

2. 你好，大山！
   - nǐ hǎo / dà shān
   - xiè xie 谢谢 / mǎ lì 马丽
   - zài jiàn 再见 / lǎo shī 老师

3. 马丽，你好吗？
   - mǎ lì 马丽 / nǐ hǎo ma 你好吗
   - lǎo shī 老师

dì sān kè　　nán hái hé nǚ hái

第三课　男孩和女孩

dà shān　　　wǒ shì nán hái　　nǐ shì nǚ hái
大山：我是男孩，你是女孩。

mǎ lì　　　tā shì nán hái hái shi nǚ hái
马丽：他是男孩还是女孩？

dà shān　　　tā shì nán hái
大山：他是男孩。

mǎ lì　　　tā shì nán hái hái shi nǚ hái
马丽：她是男孩还是女孩？

dà shān　　　tā shì nǚ hái
大山：她是女孩。

mǎ lì
马丽：
　　　nán hái hé nǚ hái　　　dà jiā shì péng you
dà shān　男孩和女孩，大家是朋友。
大山：

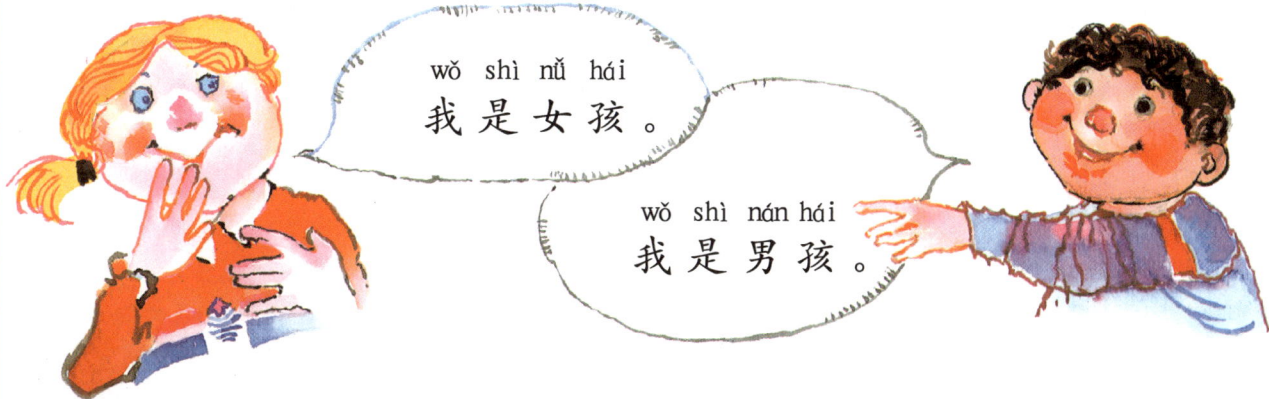

wǒ shì nǚ hái
我是女孩。

wǒ shì nán hái
我是男孩。

【认读汉字】

rèn dú hàn zì

nán nǚ tā tā hé shì
男　女　他　她　和　是

【默写汉字】

mò xiě hàn zì

nán nǚ hé
男　女　和

【学说词汇】

xué shuō cí huì

nán hái
男孩 . . . . . boy

nǚ hái
女孩 . . . . . girl

shì
是 . . . . . be, am, is, are

tā
他 . . . . . he, him

hái shi
还是 . . . . . or

tā
她 . . . . . she, her

hé
和 . . . . . and

dà jiā
大家 . . . . . all of (us)

péng you
朋友 . . . . . friend

【学说句子】

xué shuō jù zi

wǒ shì nán hái
1. 我是男孩。

tā shì nǚ hái
2. 她是女孩。

tā shì nán hái
3. 他是男孩。

tā tā shì nán hái hái shi nǚ hái
4. 他(她)是男孩还是女孩？

tì huàn liàn xí

【替换练习】

1.

nǐ 你	shì 是	dà shān 大 山 。
wǒ 我		mǎ lì 马 丽
tā 他		lǎo shī 老 师
		nán hái 男 孩

dì sì kè　　　wǒ de hǎo péng you

第四课　　我的好朋友

mǎ lì　　　　wǒ yǒu yí gè hǎo péng you
马丽：我有一个好朋友。

dà shān　　　nǐ de hǎo péng you shì shuí
大山：你的好朋友是谁？

mǎ lì　　　　wǒ de hǎo péng you shì xiǎo míng
马丽：我的好朋友是小明。

　　　　　　nǐ de hǎo péng you shì shuí
　　　　你的好朋友是谁？

dà shān　　　wǒ de hǎo péng you shì nǐ
大山：我的好朋友是你。

【认读汉字】
rèn dú hàn zì

péng yǒu
朋 友

【学说词汇】
xué shuō cí huì

wǒ de
我 的 . . . . . my, mine

yǒu
有 . . . . have

yí gè
一 个 . . . . . one

nǐ de
你 的 . . . . . your, yours

shuí
谁 . . . . . who

【学说句子】
xué shuō jù zi

wǒ yǒu yí gè hǎo péng you
1. 我 有 一 个 好 朋 友 。

nǐ de hǎo péng you shì shuí
2. 你 的 好 朋 友 是 谁 ？

wǒ de hǎo péng you shì xiǎo míng
3. 我 的 好 朋 友 是 小 明 。

tì huàn liàn xí

【替换练习】

1.

wǒ 我
tā　　tā 他（她）
mǎ　lì 马 丽

yǒu yí gè hǎo péng you
有 一 个 好 朋 友 。

2.

wǒ　de 我 的
nǐ　de 你 的
tā　de　tā　de 他 的（她 的）
dà　shān　de 大 山 的

hǎo péng you shì shuí
好 朋 友 是 谁 ？

dì wǔ kè　　xué xiào　lǎo shī　xué sheng
第五课　学校、老师、学生

zhè shì wǒ de xué xiào
这是我的学校，

wǒ ài wǒ de xué xiào
我爱我的学校。

tā shì wǒ de lǎo shī
他是我的老师，

wǒ ài wǒ de lǎo shī
我爱我的老师。

wǒ men shì xué sheng　　xiǎo péng you
我们是学生（小朋友），

lǎo shī ài xué sheng　　xiǎo péng you
老师爱学生（小朋友）。

耀中國際學校

tā shì wǒ de lǎo shī
他是我的老师。

13

【 认读汉字 】
rèn dú hàn zì

lǎo shī
老 师

【 学说词汇 】
xué shuō cí huì

xué xiào
学 校 . . . . . school

xué sheng
学 生 . . . . . student

zhè shì
这 是 . . . . . this is

ài
爱 . . . . . love

wǒ men
我 们 . . . . . we

xiǎo péng you
小 朋 友 . . . . . children

【 学说句子 】
xué shuō jù zi

zhè shì wǒ de xué xiào
1. 这 是 我 的 学 校 。

wǒ ài wǒ de xué xiào
2. 我 爱 我 的 学 校 。

tì huàn liàn xí
【 替 换 练 习 】

1.

zhè 这	shì wǒ de 是 我 的	lǎo shī 老 师	。
tā tā 他 （她）		péng you 朋 友	
nǐ 你			

2.

wǒ 我	ài 爱	xué xiào 学 校	。
nǐ 你		lǎo shī 老 师	
tā tā 他 （她）			
xué sheng 学 生			
xiǎo péng you 小 朋 友			
wǒ men 我 们			

dì liù kè

第 六 课

nǐ shì nǎ guó rén

你 是 哪 国 人?

mǎ lì　　　nǐ shì nǎ guó rén
马丽：你 是 哪 国 人?

dà shān　　wǒ shì ào dà lì yà rén　　　nǐ ne
大 山：我 是 澳 大 利 亚 人。 你 呢?

mǎ lì　　　wǒ shì yīng guó rén
马丽：我 是 英 国 人。

xiǎo míng　　nǐ shì nǎ guó rén
小 明：你 是 哪 国 人?

xiǎo lán　　wǒ shì měi guó rén　　　tā ne
小 兰：我 是 美 国 人。 他 呢?

xiǎo míng　　tā shì zhōng guó rén
小 明：他 是 中 国 人。

xiǎo hóng　　nǐ shì nǎ guó rén
小 红：你 是 哪 国 人?

xiǎo yù　　wǒ shì hán guó rén　　　nǐ ne
小 玉：我 是 韩 国 人。 你 呢?

xiǎo hóng　　wǒ shì fǎ guó rén
小 红：我 是 法 国 人。

【认读汉字】
rèn dú hàn zì

guó　　rén
国　　人

【默写汉字】
mò xiě hàn zì

rén
人

【学说词汇】
xué shuō cí huì

nǎ
哪 . . . . . which

guó
国 . . . . . country

rén
人 . . . . . people, person

ào dà lì yà
澳 大 利 亚 . . . . . Australia

yīng guó
英 国 . . . . . U.K.

měi guó
美 国 . . . . . U.S.A.

zhōng guó
中 国 . . . . . China

hán guó
韩 国 . . . . . Korea

fǎ guó
法 国 . . . . . France

【学说句子】
xué shuō jù zi

nǐ shì nǎ guó rén
1. 你 是 哪 国 人?

wǒ shì zhōng guó rén
2. 我 是 中 国 人。

nǐ ne
3. 你 呢?

【替换练习】

1.

zhōng guó
中 国
hán guó
韩 国
měi guó
美 国
yīng guó
英 国
fǎ guó
法 国
ào dà lì yà
澳 大 利 亚

nán hái
男 孩
nǚ hái
女 孩
xué xiào
学 校
lǎo shī
老 师
xué sheng
学 生
péng you
朋 友

2.

nǐ
你
tā tā
他 (她)
lǎo shī
老 师

ne

呢 ？

3.

nǐ 你		
wǒ 我		
tā　tā 他（她）		
lǎo　shī 老 师		
wǒ　men 我 们		
nǐ　de　péng　you 你 的 朋 友		

shì
是

hán　guó 韩 国			
zhōng guó 中 国			
měi　guó 美 国			
fǎ　guó 法 国			
yīng　guó 英 国			
ào　dà　lì　yà 澳 大 利 亚			

rén
人。

dì qī kè　　wǒ gěi xiǎo jī qǐ míng zi

第 七 课　我 给 小 鸡 起 名 字

yī èr sān sì wǔ
一 二 三 四 五 ,

liù qī bā jiǔ shí
六 七 八 九 十 。

mā ma mǎi le shí zhī jī
妈 妈 买 了 十 只 鸡 ,

wǒ gěi xiǎo jī qǐ míng zi
我 给 小 鸡 起 名 字 :

xiǎo yī　　xiǎo èr　　xiǎo sān
小 一 , 小 二 , 小 三 ,

xiǎo sì　　xiǎo wǔ　　xiǎo liù
小 四 , 小 五 , 小 六 ,

xiǎo qī　　xiǎo bā　　xiǎo jiǔ　　xiǎo shí
小 七 , 小 八 , 小 九 , 小 十 。

【默写汉字】 mò xiě hàn zì

yī	èr	sān	sì	wǔ	liù	qī	bā	jiǔ	shí
一	二	三	四	五	六	七	八	九	十

【学说词汇】 xué shuō cí huì

xiǎo jī
小 鸡 . . . . . chicken

qǐ míng zi
起 名 字 . . . . . give names

mā ma
妈 妈 . . . . . mum, mother

mǎi
买 . . . . . buy

zhī
只 . . . . . a measure word

yī
一 . . . . . one

èr
二 . . . . . two

sān
三 . . . . . three

sì
四 . . . . . four

wǔ
五 . . . . . five

liù
六 . . . . . six

qī
七 . . . . . seven

bā
八 . . . . . eight

jiǔ
九 . . . . . nine

shí
十 . . . . . ten

【学说句子】 xué shuō jù zi

wǒ gěi xiǎo jī qǐ míng zi
1. 我给小鸡起名字。

mā ma mǎi le shí zhī jī
2. 妈妈买了十只鸡。

tì huàn liàn xí

【替换练习】

1.

wǒ 我	gěi 给	xiǎo jī 小 鸡	qǐ míng zi 起 名 字。
nǐ 你		wǒ 我	
tā tā 他 (她)		dà shān 大 山	
mā ma 妈 妈		xiǎo lán 小 兰	

2.

mā ma 妈 妈	mǎi le 买 了	shí 十	zhī 只	jī 鸡 。
wǒ 我		yì 一		xiǎo jī 小 鸡
tā tā 他 (她)		sān 三		
wǒ de péng you 我 的 朋 友		sì 四		
yí gè nǚ hái 一 个 女 孩		wǔ 五		

dì bā kè　　nǐ jǐ suì le
第 八 课　你 几 岁 了？

dà shān　　　nǐ jǐ suì le
大 山：你 几 岁 了？

mǎ lì　　　wǒ qī suì　　　nǐ ne
马 丽：我 七 岁，你 呢？

dà shān　　wǒ bā suì　　　tā ne
大 山：我 八 岁，他 呢？

mǎ lì　　　tā jiǔ suì
马 丽：他 九 岁。

dà shān　　nǐ shì jǐ nián jí de xué sheng
大 山：你 是 几 年 级 的 学 生？

mǎ lì　　　wǒ shì yī nián jí de xué sheng
马 丽：我 是 一 年 级 的 学 生。

dà shān　　wǒ shì èr nián jí de xué sheng
大 山：我 是 二 年 级 的 学 生。

wǒ bā suì
我 八 岁。
wǒ shì sān nián jí de xué sheng
我 是 三 年 级 的 学 生。

nǐ jǐ suì le
你 几 岁 了？
nǐ shì jǐ nián jí de xué sheng
你 是 几 年 级 的 学 生？

rèn dú hàn zì
【认读汉字】

jǐ　　suì
几　　岁

mò xiě hàn zì
【默写汉字】

jǐ
几

xué shuō cí huì
【学说词汇】

jǐ
几 . . . . . how many, how much

suì
岁 . . . . . age

nián jí
年级 . . . . . grade

xué sheng
学生 . . . . . student

xué shuō jù zi
【学说句子】

nǐ jǐ suì le
1. 你几岁了？

wǒ qī suì tā ne
2. 我七岁，他呢？

nǐ shì jǐ nián jí de xué sheng
3. 你是几年级的学生？

wǒ shì yī nián jí de xué sheng
4. 我是一年级的学生。

tì huàn liàn xí
【替换练习】

1.

| nǐ 你 |
| wǒ 我 |
| tā tā 他 (她) |
| dà shān 大 山 |
| nǐ de péng you 你 的 朋 友 |

| jǐ suì le 几 岁 了 |
| shì jǐ nián jí de xué sheng 是 几 年 级 的 学 生 |

?

2.

| nǐ 你 |
| wǒ 我 |
| tā tā 他 (她) |
| dà shān 大 山 |
| nǐ de péng you 你 的 朋 友 |

shì 是

| yī 一 |
| èr 二 |
| sān 三 |
| sì 四 |
| wǔ 五 |
| liù 六 |

nián jí de xué sheng 年 级 的 学 生 。

jīn tiān wǒ bú shàng xué
今天我不上学。

dì jiǔ kè　　jīn tiān shì xīng qī jǐ
第九课　今天是星期几？

dà shān　　jīn tiān shì xīng qī jǐ
大山：今天是星期几？

mǎ lì　　jīn tiān shì xīng qī wǔ
马丽：今天是星期五。

dà shān　　zuó tiān shì xīng qī jǐ
大山：昨天是星期几？

mǎ lì　　zuó tiān shì xīng qī sì
马丽：昨天是星期四。

dà shān　　míng tiān shì xīng qī jǐ
大山：明天是星期几？

mǎ lì　　míng tiān shì xīng qī liù
马丽：明天是星期六。

dà shān　　míng tiān nǐ shàng xué ma
大山：明天你上学吗？

mǎ lì　　míng tiān wǒ bú shàng xué
马丽：明天我不上学。

十月 9 星期五
十月 8 星期四
十月 7 星期三
十月 6 星期二
十月 5 星期一

十月 11 星期日
十月 10 星期六

rèn dú hàn zì
【认读汉字】

jīn	tiān	míng	zuó
今	天	明	昨

mò xiě hàn zì
【默写汉字】

jīn	tiān	míng
今	天	明

xué shuō cí huì
【学说词汇】

jīn tiān
今天 . . . . . today

xīng qī
星期 . . . . . week

zuó tiān
昨天 . . . . . yesterday

míng tiān
明天 . . . . . tomorrow

xīng qī yī
星期一 . . . . . Monday

xīng qī èr
星期二 . . . . . Tuesday

xīng qī sān
星期三 . . . . . Wednesday

xīng qī sì
星期四 . . . . . Thursday

xīng qī wǔ
星期五 . . . . . Friday

xīng qī liù
星期六 . . . . . Saturday

xīng qī tiān
星期天 . . . . . Sunday

shàng xué
上学 . . . . . go to school

bù
不 . . . . . no, not

xué shuō jù zi

【学说句子】

jīn tiān shì xīng qī jǐ
1. 今天是星期几？

jīn tiān shì xīng qī wǔ
2. 今天是星期五。

míng tiān nǐ shàng xué ma
3. 明天你上学吗？

míng tiān wǒ bú shàng xué
4. 明天我不上学。

tì huàn liàn xí

【替换练习】

1.

zuó tiān	shì xīng qī	wǔ
昨 天	是 星 期	五
jīn tiān		liù
今 天		六
míng tiān		tiān
明 天		天

2.

wǒ	shàng xué
我	上 学
wǒ men	bú shàng xué
我 们	不 上 学
wǒ de péng you	
我 的 朋 友	

dì shí kè　　jīn tiān shì jǐ yuè jǐ rì
第 十 课　今 天 是 几 月 几 日？

dà shān　　jīn tiān shì jǐ yuè jǐ rì
大 山：今 天 是 几 月 几 日？

mǎ lì　　jīn tiān shì jiǔ yuè shí rì
马 丽：今 天 是 九 月 十 日。

dà shān　　jīn tiān shì xīng qī jǐ
大 山：今 天 是 星 期 几？

mǎ lì　　jīn tiān shì xīng qī sān
马 丽：今 天 是 星 期 三。

dà shān　　jīn tiān shì jǐ yuè jǐ rì　xīng qī jǐ
大 山：今 天 是 几 月 几 日，星 期 几？

mǎ lì　　jīn tiān shì jiǔ yuè shí rì　xīng qī sān
马 丽：今 天 是 九 月 十 日，星 期 三。

【认读汉字】
rèn dú hàn zì

yuè　　rì　　xīng　　qī
月　　日　　星　　期

【默写汉字】
mò xiě hàn zì

yuè　　rì
月　　日

【学说词汇】
xué shuō cí huì

yuè
月 . . . . . month, moon

rì
日 . . . . . day, sun

【学说句子】
xué shuō jù zi

jīn tiān shì jǐ yuè jǐ rì
1. 今 天 是 几 月 几 日 ？

jīn tiān shì jiǔ yuè shí rì
2. 今 天 是 九 月 十 日 。

tì huàn liàn xí

【 替 换 练 习 】

jīn tiān shì

今 天 是

yī	
一	
èr	
二	
sān	
三	

yuè

月

shí	
十	
shí	wǔ
十	五
èr	shí
二	十

rì xīng qī

日 ， 星 期

yī	
一	
èr	
二	
sān	
三	

。

dì shí yī kè　　nǐ jiā yǒu jǐ gè rén
第十一课　你家有几个人？

dà shān　　　　nǐ jiā yǒu jǐ gè rén
大 山 ： 你 家 有 几 个 人 ？

mǎ lì　　　　wǒ jiā yǒu wǔ gè rén
马 丽 ： 我 家 有 五 个 人 。

dà shān　　　　tā men shì shuí
大 山 ： 他 们 是 谁 ？

mǎ lì　　　　tā men shì bà ba　　mā ma　　　gē ge
马 丽 ： 他 们 是 爸 爸 、 妈 妈 、 哥 哥 、

jiě jie hé wǒ　　wǒ méi yǒu dì di hé
姐 姐 和 我 。 我 没 有 弟 弟 和

mèi mei
妹 妹 。

【认读汉字】
rèn dú hàn zì

jiā	yǒu	gè	bà	mā
家	有	个	爸	妈

mò xiě hàn zì
【默写汉字】

gè
个

xué shuō cí huì
【学说词汇】

nǐ jiā
你家 . . . . your family, your home

yǒu
有 . . . . have, has, there is/are

wǒ jiā
我家 . . . . my family, my home

jiā
家 . . . . family, home

bà ba
爸爸 . . . . dad, father

gē ge
哥哥 . . . . elder brother

jiě jie
姐姐 . . . . elder sister

méi yǒu
没有 . . . . haven't, hasn't there isn't/aren't

mèi mei
妹妹 . . . . younger sister

dì di
弟弟 . . . . younger brother

tā men
他们 . . . . they

33

xué shuō jù zi
【学说句子】

nǐ jiā yǒu jǐ gè rén
1. 你家有几个人？

wǒ jiā yǒu wǔ gè rén
2. 我家有五个人。

wǒ méi yǒu dì di hé mèi mei
3. 我没有弟弟和妹妹。

tì huàn liàn xí

【 替换练习 】

1. 你家 有 三 个 人 。

nǐ jiā		yǒu	sān	gè rén
你家		有	三	个 人 。
wǒ jiā			sì	
我 家			四	
xiǎo lán jiā			wǔ	
小 兰 家			五	

2. 我 有 哥哥 。

wǒ		yǒu	gē ge
我		有	哥 哥 。
tā		méi yǒu	jiě jie
他		没 有	姐 姐
mǎ lì			dì di
马 丽			弟 弟
			mèi mei
			妹 妹

dì shí èr kè　　duō hé shǎo
第十二课　多和少

mǎ lì　　　nǐ men bān yǒu jǐ gè nán hái
马丽：你们班有几个男孩？

dà shān　　wǒ men bān yǒu shí èr gè nán hái
大山：我们班有十二个男孩。

mǎ lì　　　nǐ men bān yǒu jǐ gè nǚ hái
马丽：你们班有几个女孩？

dà shān　　wǒ men bān yǒu bā gè nǚ hái
大山：我们班有八个女孩。

wǒ men bān nán hái duō　　nǚ hái shǎo
我们班男孩多，女孩少。

mǎ lì　　　nǐ men bān yí gòng yǒu duō shao rén
马丽：你们班一共有多少人？

dà shān　　wǒ men bān yí gòng yǒu èr
大山：我们班一共有二

shí gè rén
十个人。

rèn dú hàn zì
【认读汉字】

duō　　shǎo　　men
多　　少　　们

mò xiě hàn zì
【默写汉字】

duō　　shǎo
多　　少

xué shuō cí huì
【学说词汇】

duō
多 . . . . . more, many, much

shǎo
少 . . . . . less, few, little

nǐ men
你 们 . . . . . you

bān
班 . . . . . class

wǒ men
我 们 . . . . . we, us

shí èr
十 二 . . . . . twelve

yí gòng
一 共 . . . . . altogether

duō shao
多 少 . . . . . how many, how much

èr shí
二 十 . . . . . twenty

xué shuō jù zi

【学说句子】

nǐ men bān yǒu jǐ gè nán hái
1．你们班有几个男孩？

wǒ men bān yǒu shí èr gè nán hái
2．我们班有十二个男孩。

wǒ men bān nán hái duō　nǚ hái shǎo
3．我们班男孩多，女孩少。

nǐ men bān yí gòng yǒu duō shao rén
4．你们班一共有多少人？

wǒ men bān yí gòng yǒu èr shí gè rén
5．我们班一共有二十个人。

tì huàn liàn xí

【替换练习】

1. 你们 nǐ men | bān 班 / xué xiào 学校 | 一共有 yí gòng yǒu | jǐ gè 几个 / duō shao 多少 | nán hái 男孩 / nǚ hái 女孩 / lǎo shī 老师 / xué sheng 学生 ？

2. 我们 wǒ men | bān 班 / xué xiào 学校 | fǎ guó rén 法国人 / yīng guó rén 英国人 | duō 多 | zhōng guó rén 中国人 / měi guó rén 美国人 | shǎo 少 。

第十三课 这是我的脸
dì shí sān kè　zhè shì wǒ de liǎn

马丽：这是我的脸。
mǎ lì　zhè shì wǒ de liǎn

大山：眼睛在哪里？
dà shān　yǎn jing zài nǎ li

马丽：眼睛在上面。
mǎ lì　yǎn jing zài shàng mian

大山：鼻子在哪里？
dà shān　bí zi zài nǎ li

马丽：鼻子在中间。
mǎ lì　bí zi zài zhōng jiān

大山：嘴巴在哪里？
dà shān　zuǐ ba zài nǎ li

马丽：嘴巴在下面。
mǎ lì　zuǐ ba zài xià mian

大山：耳朵在哪里？
dà shān　ěr duo zài nǎ li

马丽：耳朵在两边。
mǎ lì　ěr duo zài liǎng biān

【认读汉字】 (rèn dú hàn zì)

shàng	zhōng	xià	yǎn	ěr
上	中	下	眼	耳

【默写汉字】 (mò xiě hàn zì)

shàng	zhōng	xià
上	中	下

【学说词汇】 (xué shuō cí huì)

liǎn		yǎn jing	
脸	face	眼 睛	eye

nǎ li		shàng mian	
哪 里	where	上 面	on, up

bí zi		zhōng jiān	
鼻 子	nose	中 间	in the middle

zuǐ ba		xià mian	
嘴 巴	mouth	下 面	under, down

ěr duo		liǎng biān	
耳 朵	ear	两 边	two sides

zài	
在	indicating the position of a person or thing

xué shuō jù zì
【学说句子】

yǎn jing zài nǎ li
1. 眼 睛 在 哪 里 ？

yǎn jing zài shàng mian
2. 眼 睛 在 上 面 。

tì huàn liàn xí
【替换练习】

yǎn jing zài nǎ li 眼 睛 在 哪 里 ？
mā ma 妈 妈

dì shí sì kè   wǒ de shēn tǐ
第 十 四 课   我 的 身 体

zhè shì shén me
这是什么？

zhè shì kǒu
这是口。

zhè shì yá
这是牙。

zhè shì tóu fa
这是头发。

zhè shì tóu
这是头。

zhè shì shǒu
这是手。

zhè shì shǒu zhǐ
这是手指。

zhè shì dù zi
这是肚子。

zhè shì jiǎo zhǐ
这是脚趾。

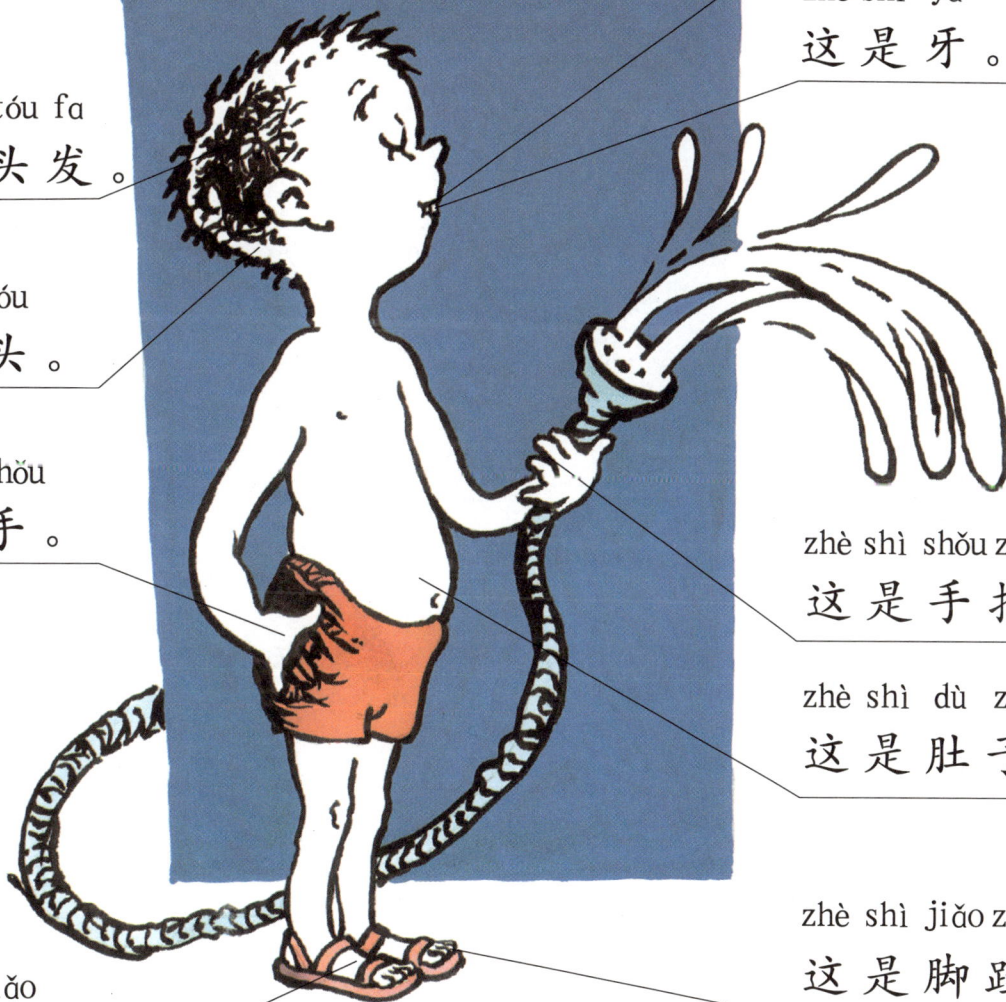

zhè shì jiǎo
这是脚。

rèn dú hàn zì
【认读汉字】

zhè	shén	me	tóu	shǒu	kǒu	yá
这	什	么	头	手	口	牙

mò xiě hàn zì
【默写汉字】

shén	me	tóu	shǒu	kǒu
什	么	头	手	口

xué shuō cí huì
【学说词汇】

shēn tǐ
身 体 . . . . . body

yá
牙 . . . . . tooth

kǒu
口 . . . . . mouth

tóu
头 . . . . . head

tóu fa
头 发 . . . . . hair

shǒu
手 . . . . . hand

shǒu zhǐ
手 指 . . . . . finger

jiǎo
脚 . . . . . foot

jiǎo zhǐ
脚 趾 . . . . . toe

dù zi
肚 子 . . . . . tummy

shén me
什 么 . . . . . what

xué shuō jù zi
【学说句子】

zhè shì shén me
1.这 是 什 么？

zhè shì shǒu
2.这 是 手。

tì huàn liàn xí
【替换练习】

zhè shì
这 是

tóu
头
shǒu
手

。

dì shí wǔ kè　　kàn yi kàn
第 十 五 课　看 一 看

kàn yi kàn　　　wǒ yòng yǎn kàn yi kàn
看 一 看 ，我 用 眼 看 一 看 。

wén yi wén　　　wǒ yòng bí wén yi wén
闻 一 闻 ，我 用 鼻 闻 一 闻 。

shuō yi shuō　　wǒ yòng kǒu shuō yi shuō
说 一 说 ，我 用 口 说 一 说 。

yǎo yi yǎo　　　wǒ yòng yá yǎo yi yǎo
咬 一 咬 ，我 用 牙 咬 一 咬 。

tīng yi tīng　　wǒ yòng ěr tīng yi tīng
听 一 听 ，我 用 耳 听 一 听 。

pāi yi pāi　　　wǒ yòng shǒu pāi yi pāi
拍 一 拍 ，我 用 手 拍 一 拍 。

zǒu yi zǒu　　　wǒ yòng jiǎo zǒu yi zǒu
走 一 走 ，我 用 脚 走 一 走 。

rèn dú hàn zì
【认读汉字】

kàn　shuō　tīng　zǒu　yòng
看　说　听　走　用

xué shuō cí huì
【学说词汇】

kàn
看 . . . . . look, see, watch

wén
闻 . . . . . smell

yǎo
咬 . . . . . bite

pāi
拍 . . . . . pat

yòng
用 . . . . . use

shuō
说 . . . . . speak, talk

tīng
听 . . . . . listen, hear

zǒu
走 . . . . . walk

xué shuō jù zi
【学说句子】

wǒ yòng yǎn kàn yi kàn
我 用 眼 看 一 看 。

【替换练习】

wǒ 我
nǐ 你
tā tā 他（她）

yòng 用

yǎn 眼	kàn 看	yi 一	kàn 看
bí 鼻	wén 闻	yi 一	wén 闻
kǒu 口	shuō 说	yi 一	shuō 说
yá 牙	yǎo 咬	yi 一	yǎo 咬
ěr 耳	tīng 听	yi 一	tīng 听
shǒu 手	pāi 拍	yi 一	pāi 拍
jiǎo 脚	zǒu 走	yi 一	zǒu 走

。

dì shí liù kè　　zǎo duàn liàn
第十六课　　早锻炼

dà shān　　　　nǐ zǎo
大山： 你早！

mǎ lì　　　　nǐ zǎo
马丽： 你早！

dà shān　　jīn tiān zǎo shang de kōng qì zhēn hǎo
大山： 今天早上的空气真好！

mǎ lì　　　　nǐ qù gàn shén me
马丽： 你去干什么？

dà shān　　wǒ qù pǎo bù　　nǐ ne
大山： 我去跑步。你呢？

mǎ lì　　　　wǒ qù yóu yǒng
马丽： 我去游泳。

dà shān　　shí jiān bù zǎo le　　wǒ men qù duàn liàn ba
大山： 时间不早了，我们去锻炼吧。

nǐ zǎo
你早！

rèn dú hàn zì
【认读汉字】

zǎo　　zhēn
早　　真

mò xiě hàn zì
【默写汉字】

zǎo
早

xué shuō cí huì
【学说词汇】

zǎo duàn liàn
早锻炼 . . . . .morning exercises

zǎo shang
早上 . . . . . morning

zhēn
真 . . . . . really

gàn
干 . . . . . do

yóu yǒng
游泳 . . . . . swim

nǐ zǎo
你早 . . . . . good morning

kōng qì
空气 . . . . . air

qù
去 . . . . . go

pǎo bù
跑步 . . . . . run

shí jiān
时间 . . . . . time

xué shuō jù zi
【学说句子】

jīn tiān zǎo shang de kōng qì zhēn hǎo
1. 今天早上的空气真好！

nǐ qù gàn shén me　　wǒ qù pǎo bù
2. 你去干什么？我去跑步。

tì huàn liàn xí
【替换练习】

wǒ 我	qù 去	pǎo bù 跑步
nǐ 你		yóu yǒng 游泳

。

第十七课　那是什么？
dì shí qī kè　　nà shì shén me

那是什么？
nà shì shén me

那是苹果。
nà shì píng guǒ

那是西瓜。
nà shì xī guā

那是梨。
nà shì lí

那是草莓。
nà shì cǎo méi

那是哈密瓜。
nà shì hā mì guā

那是水果。
nà shì shuǐ guǒ

那是桔子。
nà shì jú zi

那是香蕉。
nà shì xiāng jiāo

那是葡萄。
nà shì pú táo

那是芒果。
nà shì máng guǒ

那是橙子。
nà shì chéng zi

那是什么？
nà shì shén me

那是……
nà shì

【 认读汉字 】
rèn dú hàn zì

nà   guǒ
那   果

【 学说词汇 】
xué shuō cí huì

nà
那 . . . . . that

píng guǒ
苹 果 . . . . . apple

xī guā
西 瓜 . . . . watermelon

lí
梨 . . . . . pear

cǎo méi
草 莓 . . . . strawberry

hā mì guā
哈 密 瓜 . . . . . rock melon

shuǐ guǒ
水 果 . . . . . fruit

jú zi
桔 子 . . . . . tangerine

xiāng jiāo
香 蕉 . . . . banana

pú táo
葡 萄 . . . . . grape

máng guǒ
芒 果 . . . . . mango

chéng zi
橙 子 . . . . . orange

【 学说句子 】
xué shuō jù zi

nà shì shén me
1. 那是什么？

nà shì jú zi
2. 那是桔子。

53

tì huàn liàn xí

【替换练习】

nà shì píng guǒ
那 是 苹 果

xī guā hé lí
西 瓜 和 梨

。

dì shí bā kè　　dà hé xiǎo
第 十 八 课　　大 和 小

mā ma　　wǒ mǎi le hěn duō shuǐ guǒ
妈妈： 我买了很多水果。

jiě jie　　zhè shì xī guā　　nà shì píng guǒ
姐姐： 这是西瓜，那是苹果。

mǎ lì　　zhè shì xiāng jiāo　　nà shì lí
马丽： 这是香蕉，那是梨。

jiě jie　　mā ma　　wǒ yào chī píng guǒ
姐姐： 妈妈，我要吃苹果。

mā ma　　nǐ yào chī dà píng guǒ hái shi xiǎo píng guǒ
妈妈： 你要吃大苹果还是小苹果？

jiě jie　　wǒ yào chī xiǎo píng guǒ
姐姐： 我要吃小苹果。

mā ma　　hǎo de　　wǒ gěi nǐ xiǎo píng guǒ
妈妈： 好的，我给你小苹果。

jiě jie　　xiè xie
姐姐： 谢谢。

mǎ lì　　　mā ma　　　wǒ yào chī lí
马 丽 ：　妈 妈 ，　我 要 吃 梨 。

mā ma　　　nǐ yào chī dà lí hái shi xiǎo lí
妈 妈 ：　你 要 吃 大 梨 还 是 小 梨 ？

mǎ lì　　　wǒ yào chī dà lí
马 丽 ：　我 要 吃 大 梨 。

mā ma　　　hǎo de　　gěi nǐ dà lí
妈 妈 ：　好 的 ，　给 你 大 梨 。

mǎ lì　　　xiè xie
马 丽 ：　谢 谢 。

rèn dú hàn zì
【认读汉字】

dà　　xiǎo　　gěi
大　　小　　给

mò xiě hàn zì
【默写汉字】

dà　　　xiǎo
大　　　小

xué shuō cí huì
【学说词汇】

dà
大 . . . . . big

xiǎo
小 . . . . . small

mǎi
买 . . . . . buy

hěn duō
很 多 . . . . . a lot of

yào
要 . . . . . want

chī
吃 . . . . . eat

gěi
给 . . . . . give

xué shuō jù zi
【学说句子】

　　nǐ yào chī dà lí hái shi xiǎo lí
1. 你要吃大梨还是小梨？

　　wǒ yào chī xiǎo lí
2. 我要吃小梨。

　　gěi nǐ dà lí
3. 给你大梨。

tì huàn liàn xí

【替换练习】

1. nǐ yào chī 你要吃

píng guǒ 苹果
xī guā 西瓜
dà táo zi 大桃子
dà xiāng jiāo 大香蕉

hái shi 还是

lí 梨
pú táo 葡萄
xiǎo táo zi 小桃子
xiǎo xiāng jiāo 小香蕉

?

2. wǒ yào chī 我要吃

píng guǒ 苹果
dà píng guǒ 大苹果
xiǎo píng guǒ 小苹果

。

3. gěi nǐ 给你

píng guǒ 苹果
dà píng guǒ 大苹果
xiǎo píng guǒ 小苹果

。

dì shí jiǔ kè　　yán sè
第十九课　颜色

mǎ lì　　zhè shì shén me yán sè
马丽：这是什么颜色？

dà shān　　zhè shì hóng sè　cǎo méi shì hóng sè de
大山：这是红色。草莓是红色的。

dà shān　　nà shì shén me yán sè
大山：那是什么颜色？

mǎ lì　　nà shì huáng sè　xiāng jiāo shì huáng sè de
马丽：那是黄色。香蕉是黄色的。

xiǎo míng　　zhè shì shén me yán sè
小明：这是什么颜色？

dà shān　　zhè shì lán sè　tiān shì lán sè de
大山：这是蓝色。天是蓝色的。

xiǎo míng　　nà shì shén me yán sè
小明：那是什么颜色？

mǎ lì　　nà shì lǜ sè　cǎo shì lǜ sè de
马丽：那是绿色。草是绿色的。

dà shān　　xuě huā shì shén me yán sè de
大山：雪花是什么颜色的？

xiǎo míng　　xuě huā shì bái sè de
小明：雪花是白色的。

rèn dú hàn zì
【认读汉字】

hóng　huáng　lán　lù　bái
红　黄　蓝　绿　白

mò xiě hàn zì
【默写汉字】

bái
白

xué shuō cí huì
【学说词汇】

yán sè
颜色 . . . . . colour

hóng sè
红色 . . . . . red

huáng sè
黄色 . . . . . yellow

lán sè
蓝色 . . . . . blue

tiān
天 . . . . . sky

lù sè
绿色 . . . . . green

cǎo
草 . . . . grass

xuě huā
雪花 . . . . snowflake

bái sè
白色 . . . . white

xué shuō jù zi
【学说句子】

zhè shì shén me yán sè
1. 这是什么颜色？

zhè shì hóng sè
2. 这是红色。

cǎo méi shì hóng sè de
3. 草莓是红色的。

tì huàn liàn xí

【替换练习】

1. zhè shì 这 是

hóng 红	sè 色
huáng 黄	de 的
lán 蓝	sè de 色 的
lù 绿	
bái 白	

。

2.

cǎo méi 草 莓	shì hóng sè de 是 红 色 的 。
píng guǒ 苹 果	

xiāng jiāo 香 蕉	shì huáng sè de 是 黄 色 的 。
lí 梨	

tiān 天	shì lán sè de 是 蓝 色 的 。
yǎn jing 眼 睛	

dì èr shí kè　tóu fa de yán sè
第 二 十 课　　头 发 的 颜 色

dà shān　　nǐ de tóu fa shì shén me yán sè de
大 山 ：你 的 头 发 是 什 么 颜 色 的 ？

mǎ lì　　wǒ de tóu fa shì huáng sè de　　nǐ de ne
马 丽 ：我 的 头 发 是 黄 色 的 ， 你 的 呢 ？

dà shān　　wǒ de tóu fa shì zōng sè de　　tā de ne
大 山 ：我 的 头 发 是 棕 色 的 。 她 的 呢 ？

mǎ lì　　tā de tóu fa shì hēi sè de
马 丽 ：她 的 头 发 是 黑 色 的 。

dà shān　　tā de tóu fa shì shén me yán sè de
大 山 ：他 的 头 发 是 什 么 颜 色 的 ？

mǎ lì　　tā de tóu fa shì bái sè de
马 丽 ：他 的 头 发 是 白 色 的 。

rèn dú hàn zì
【认读汉字】

hēi　　sè
黑　　色

xué shuō cí huì
【学说词汇】

zōng sè		tā de	
棕 色 . . . . . brown		他 的 . . . . . his	

hēi sè		tā de	
黑 色 . . . . . black		她 的 . . . . . her	

xué shuō jù zi
【学说句子】

nǐ de tóu fa shì shén me yán sè de
1. 你 的 头 发 是 什 么 颜 色 的 ？

wǒ de tóu fa shì huáng sè de
2. 我 的 头 发 是 黄 色 的 。

tì huàn liàn xí

【 替换练习 】

nǐ de 你 的
wǒ de 我 的
tā de （tā de） 他 的 （她 的）
lǎo shī de 老 师 的

tóu fa shì	hēi sè de
头 发 是	黑 色 的 。
yǎn jing 眼 睛	zōng 棕

dì èr shí yī kè   zhè shì shuí de
第 二 十 一 课　这 是 谁 的 ？

dà shān　zhè shì shuí de yī fu
大 山：这 是 谁 的 衣 服 ？

mǎ lì　zhè shì wǒ de yī fu
马 丽：这 是 我 的 衣 服 。

dà shān　zhè shì nǐ de kù zi ma
大 山：这 是 你 的 裤 子 吗 ？

mǎ lì　bú shì wǒ de　zhè shì tā de kù zi
马 丽：不 是 我 的 。 这 是 他 的 裤 子 。

dà shān　nà shì shuí de qún zi
大 山：那 是 谁 的 裙 子 ？

mǎ lì　nà shì tā de qún zi
马 丽：那 是 她 的 裙 子 。

dà shān　nà shì shuí de xié zi
大 山：那 是 谁 的 鞋 子 ？

mǎ lì　nà shì nǐ de xié zi
马 丽：那 是 你 的 鞋 子 。

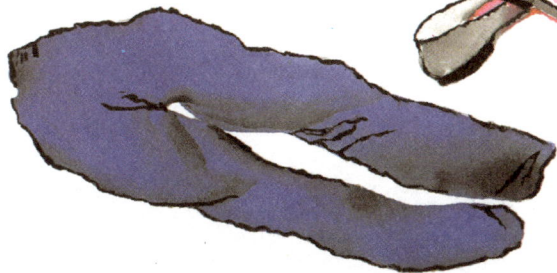

65

rèn dú hàn zì
【认读汉字】

yī　　de　　zi
衣　　的　　子

mò xiě hàn zì
【默写汉字】

de　　zi
的　　子

xué shuō cí huì
【学说词汇】

shuí de
谁 的 . . . . . whose

yī fu
衣 服 . . . . . clothes

kù zi
裤 子 . . . . . trousers, pants

qún zi
裙 子 . . . . . dress, skirt

xié zi
鞋 子 . . . . shoes

xué shuō jù zi
【学说句子】

zhè shì shuí de yī fu
1. 这 是 谁 的 衣 服 ？

zhè shì wǒ de yī fu
2. 这 是 我 的 衣 服 。

zhè shì nǐ de kù zi ma
3. 这 是 你 的 裤 子 吗 ？

bú shì wǒ de
4. 不 是 我 的 。

nà shì shuí de qún zi
5. 那 是 谁 的 裙 子 ？

tì huàn liàn xí

【替 换 练 习】

1.
zhè shì	shuí de	yī fu
这 是	谁 的	衣 服 ？
nà shì		kù zi
那 是		裤 子
		qún zi
		裙 子
		xié zi
		鞋 子
		píng guǒ
		苹 果

2.
zhè shì	nǐ de	yī fu ma
这 是	你 的	衣 服 吗 ？
nà shì	tā de tā de	kù zi
那 是	他 的（她 的）	裤 子
	dà shān de	qún zi
	大 山 的	裙 子
		xié zi
		鞋 子
		péng you
		朋 友

dì èr shí èr kè
第二十二课

wǒ de jià qī
我的假期

dà shān　　jià qī nǐ qù le nǎ li
大山：假期你去了哪里？

mǎ lì　　wǒ qù le háng zhōu
马丽：我去了杭州。

dà shān　　nà li zěn me yàng
大山：那里怎么样？

mǎ lì　　nà li yǒu shān yǒu shuǐ
马丽：那里有山有水，

hěn měi lì
很美丽。

wǒ wán de zhēn gāo xìng
我玩得真高兴。

【认读汉字】
rèn dú hàn zì

shān　　qù
山　　去

【默写汉字】
mò xiě hàn zì

shān　　qù
山　　去

【学说词汇】
xué shuō cí huì

jià qī
假期 . . . . . holiday

qù
去 . . . . . go to

nǎ li
哪里 . . . . . where

nà li
那里 . . . . . there

zěn me yàng
怎么样 . . . . . how(about)

shān
山 . . . . . mountain, hill

shuǐ
水 . . . . water

hěn
很 . . . . . very

měi lì
美丽 . . . . beautiful

wán
玩 . . . . play

gāo xìng
高兴 . . . . happy

xué shuō jù zì
【学说句子】

jià qī nǐ qù le nǎ li
1. 假期你去了哪里？

wǒ qù le háng zhōu
2. 我去了杭州。

nà li zěn me yàng
3. 那里怎么样？

nà li yǒu shān yǒu shuǐ   hěn měi lì
4. 那里有山有水，很美丽。

wǒ wán de zhēn gāo xìng
我玩得真高兴。

tì huàn liàn xí
【替换练习】

1.

jià qī 假 期
zuó tiān 昨 天
zuó tiān zǎo shang 昨 天 早 上
shí èr yuè èr shí wǔ rì 十 二 月 二 十 五 日
xīng qī sì 星 期 四

wǒ qù le
我 去 了

háng zhōu 杭 州
xué xiào 学 校
dà shān jiā 大 山 家

。

2.

nà li 那 里
nǐ men xué xiào 你 们 学 校
nǐ de shēn tǐ 你 的 身 体

zěn me yàng
怎 么 样 ?

3.

hěn 很	měi lì 美 丽
zhēn 真	gāo xìng 高 兴
	hǎo 好
	dà 大
	bái 白

。

dì èr shí sān kè　　　　　　xǐ huan hé bù xǐ huan
第二十三课（A）　喜欢和不喜欢

mǎ lì　　　　nǐ yǒu shén me wán jù
马丽：你有什么玩具？

dà shān　　　wǒ yǒu shuǐ qiāng hé wán jù xióng　　nǐ ne
大山：我有水枪和玩具熊。你呢？

mǎ lì　　　wǒ yǒu wán jù fēi jī hé wán jù huǒ chē
马丽：我有玩具飞机和玩具火车。

　　　　nǐ xǐ huan shén me wán jù
　　　你喜欢什么玩具？

dà shān　　wǒ xǐ huan yóu xì jī　　nǐ xǐ huan ma
大山：我喜欢游戏机。你喜欢吗？

mǎ lì　　　wǒ bù xǐ huan　　wǒ xǐ huan zhōng guó wá wa
马丽：我不喜欢。我喜欢中国娃娃。

dà shān　　wǒ men yì qǐ wán　　hǎo ma
大山：我们一起玩，好吗？

mǎ lì　　hǎo de
马丽：好的。

73

【认读汉字】
rèn dú hàn zì

xǐ　huān　wán　huǒ
喜　欢　玩　火

【默写汉字】
mò xiě hàn zì

huǒ
火

【学说词汇】
xué shuō cí huì

xǐ huan
喜欢 . . . . . like

wán jù
玩具 . . . . . toy

xióng
熊 . . . . . bear

huǒ chē
火车 . . . . . train

wá wa
娃娃 . . . . . doll

shuǐ qiāng
水枪 . . . . . water gun

fēi jī
飞机 . . . . . airplane

yóu xì jī
游戏机 . . . . . gameboy

yì qǐ
一起 . . . . . together

xué shuō jù zi
【学说句子】

nǐ yǒu shén me wán jù
1．你 有 什 么 玩 具？
wǒ yǒu shuǐ qiāng hé wán jù xióng
我 有 水 枪 和 玩 具 熊。

nǐ xǐ huan shén me wán jù
2．你 喜 欢 什 么 玩 具？
wǒ xǐ huan yóu xì jī　　nǐ xǐ huan ma
我 喜 欢 游 戏 机。 你 喜 欢 吗？
wǒ bù xǐ huan
我 不 喜 欢。

wǒ men yì qǐ wán　　hǎo ma
3．我 们 一 起 玩， 好 吗？

tì huàn liàn xí

【替换练习】

1. nǐ 你
| yǒu 有 |
| xǐ huan 喜 欢 |
| bù xǐ huan 不 喜 欢 |

shén me 什 么

| wán jù 玩 具 |
| shuǐ guǒ 水 果 |
| yán sè 颜 色 |
| |

？

2. wǒ men yì qǐ 我 们 一 起

| wán 玩 |
| qù 去 |
| qù shàng xué 去 上 学 |
| qù duàn liàn 去 锻 炼 |
| shuō 说 |
| |

， hǎo ma 好 吗 ？

3. 我 喜 欢

yóu xì jī 游 戏 机
zhōng guó wá wa 中 国 娃 娃
dà de wán jù fēi jī 大 的 玩 具 飞 机

，你 喜 欢 吗 ？

wǒ xǐ huan （我 喜 欢）　　nǐ xǐ huan ma （你 喜 欢 吗）

dì èr shí sān kè　　　　nǐ xǐ huan wán shén me
第二十三课（B）你喜欢玩什么？

mǎ lì　　　　nǐ xǐ huan wán shén me
马丽：你喜欢玩什么？

dà shān　　wǒ xǐ huan wán diàn nǎo hé yóu xì jī　　nǐ ne
大山：我喜欢玩电脑和游戏机。你呢？

mǎ lì　　　wǒ xǐ huan liū bīng　　nǐ xǐ huan ma
马丽：我喜欢溜冰。你喜欢吗？

dà shān　　wǒ bù xǐ huan
大山：我不喜欢。

xiǎo míng　　nǐ xǐ huan wán shén me
小明，你喜欢玩什么？

xiǎo míng　　wǒ xǐ huan wán huǒ
小明：我喜欢玩火。

mǎ lì
马丽：

dà shān　　āi yā　　tài wēi xiǎn le　　bú yào wán huǒ
大山：哎呀！太危险了，不要玩火！！

bú yào wán huǒ
不要玩火！！

78

【认读汉字】
rèn dú hàn zì

xǐ huān wán huǒ
喜 欢 玩 火

【默写汉字】
mò xiě hàn zì

huǒ
火

【学说词汇】
xué shuō cí huì

xǐ huan 喜 欢 . . . . . like	diàn nǎo 电 脑 . . . . . computer
yóu xì jī 游 戏 机 . . . . gameboy	huǒ 火 . . . . . fire
liū bīng 溜 冰 . . . . . roller blading	tài 太 . . . . . too
āi yā 哎 呀 . . . . . oops	bú yào 不 要 . . . . . don′t
wēi xiǎn 危 险 . . . . . dangerous	

【学说句子】
xué shuō jù zi

nǐ xǐ huan wán shén me
1. 你 喜 欢 玩 什 么 ？

wǒ xǐ huan liū bīng
2. 我 喜 欢 溜 冰 。

wǒ bù xǐ huan
3. 我 不 喜 欢 。

79

tì huàn liàn xí

【替换练习】

1. 你 喜欢（nǐ xǐ huan）／ 不喜欢（bù xǐ huan） 玩（wán）什么？

| wán 玩 |
| chī 吃 |
| kàn 看 |
| |

1. 你 喜欢 玩 什么 ？

wǒ xǐ huan
2. 我 喜欢

| wán yóu xì jī 玩 游 戏 机 |
| wán diàn nǎo 玩 电 脑 |
| liū bīng 溜 冰 |
| yóu yǒng 游 泳 |
| |

，你 呢 ？（nǐ ne）

tài
3. 太

| wēi xiǎn 危 险 |
| hǎo 好 |
| měi lì 美 丽 |
| gāo xìng 高 兴 |
| |

了（le） ！

dì èr shí sì kè　　jīn tiān tiān qì zěn me yàng

第二十四课　今天天气怎么样？

dà shān　　jīn tiān tiān qì zěn me yàng

大山：今天天气怎么样？

mǎ lì　　jīn tiān shì qíng tiān

马丽：今天是晴天。

dà shān　　jīn tiān tiān qì zěn me yàng

大山：今天天气怎么样？

mǎ lì　　jīn tiān xià yǔ　　yǒu dà fēng

马丽：今天下雨，有大风。

dà shān　　jīn tiān shì duō yún ma

大山：今天是多云吗？

mǎ lì　　bù　　jīn tiān shì

马丽：不，今天是

yīn tiān

阴天。

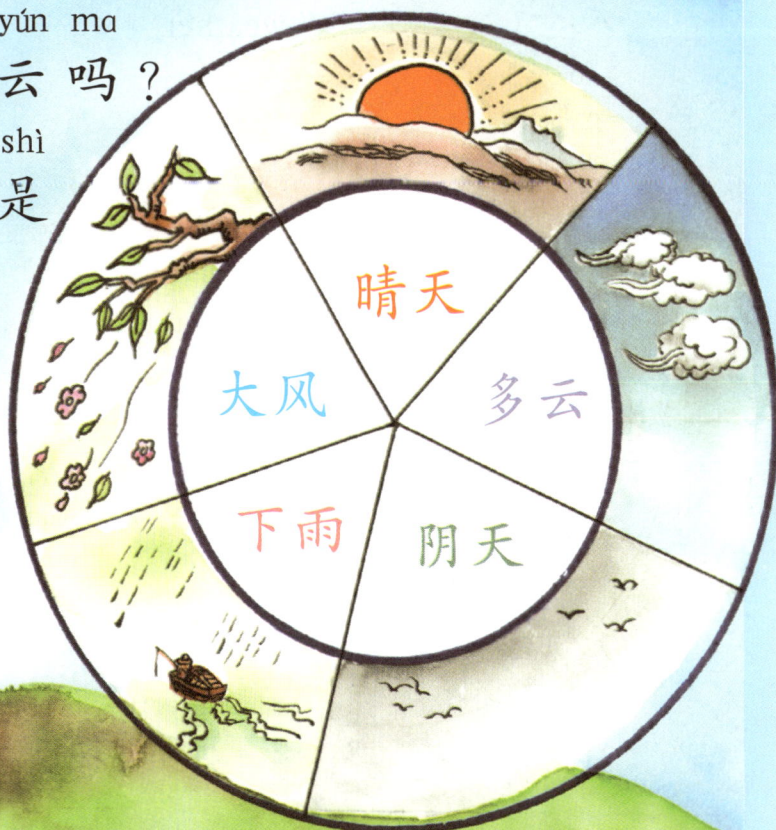

【 认读汉字 】

rèn dú hàn zì

yǔ　fēng　bù　qì

雨　风　不　气

【 默写汉字 】

mò xiě hàn zì

bù　qì　yǔ

不　气　雨

【 学说词汇 】

xué shuō cí huì

tiān qì

天 气 . . . . . weather

xià yǔ

下 雨 . . . . . rain

duō yún

多 云 . . . . . cloudy

qíng tiān

晴 天 . . . . . sunny

dà fēng

大 风 . . . . . windy

yīn tiān

阴 天 . . . . . overcast

【 学说句子 】

xué shuō jù zi

jīn tiān tiān qì zěn me yàng

1. 今 天 天 气 怎 么 样 ？

jīn tiān shì qíng tiān

2. 今 天 是 晴 天 。

jīn tiān shì duō yún ma

3. 今 天 是 多 云 吗 ？

tì huàn liàn xí

【替换练习】

1.

jīn tiān 今 天
míng tiān 明 天
xīng qī yī 星 期 一

tiān qì zěn me yàng
天 气 怎 么 样 ？

2.

zuó tiān 昨 天
míng tiān 明 天
xīng qī yī 星 期 一

shì
是

qíng tiān 晴 天
yīn tiān 阴 天
duō yún 多 云

yǒu dà fēng
，有 大 风 。

3.

jīn tiān 今 天
míng tiān 明 天
xīng qī yī 星 期 一

shì
是

qíng tiān 晴 天
duō yún 多 云
yīn tiān 阴 天

ma
吗 ？

dì èr shí wǔ kè
第二十五课
xiàn zài shì shén me jì jié
现在是什么季节？

dà shān　　　yì nián yǒu jǐ gè jì jié
大山：一年有几个季节？

mǎ lì　　　yì nián yǒu sì gè jì jié
马丽：一年有四个季节。

dà shān　　　xiàn zài shì shén me jì jié
大山：现在是什么季节？

mǎ lì　　　xiàn zài shì chūn tiān
马丽：现在是春天。

dà shān　　　nǐ xǐ huan shén me jì jié
大山：你喜欢什么季节？

mǎ lì　　　wǒ xǐ huan qiū tiān　　nǐ ne
马丽：我喜欢秋天，你呢？

dà shān　　　wǒ xǐ huan xià tiān hé dōng tiān
大山：我喜欢夏天和冬天。

rèn dú hàn zì
【认读汉字】

nián
年

mò xiě hàn zì
【默写汉字】

nián
年

xué shuō cí huì
【学说词汇】

xiàn zài
现在 . . . . . now

jì jié
季节 . . . . . season

nián
年 . . . . . year

chūn tiān
春天 . . . . . spring

qiū tiān
秋天 . . . . . autumn

xià tiān
夏天 . . . . . summer

dōng tiān
冬天 . . . . . winter

xué shuō jù zi
【学说句子】

xiàn zài shì shén me jì jié
1. 现在是什么季节？

xiàn zài shì qiū tiān
2. 现在是秋天。

【替换练习】

tì huàn liàn xí

1. 一年有
yì nián yǒu

sì	gè	jì	jié		
四	个	季	节		
shí	èr	gè	yuè		
十	二	个	月		
sān	bǎi	liù	shí	wǔ	tiān
三	百	六	十	五	天

。

2. 现在是
xiàn zài shì

chūn	tiān
春	天
xià	tiān
夏	天
qiū	tiān
秋	天
dōng	tiān
冬	天

。

3.

wǒ			
我			
wǒ	de	péng	you
我	的	朋	友
wǒ	de	lǎo	shī
我	的	老	师
mā	ma		
妈	妈		

xǐ huan
喜 欢

chūn	tiān
春	天
xià	tiān
夏	天
qiū	tiān
秋	天
dōng	tiān
冬	天

。

dì èr shí liù kè　　　shén me kè
第二十六课　什么课？

dà shān　　jīn tiān yǒu shén me kè
大山：今天有什么课？

mǎ lì　　jīn tiān yǒu shù xué kè hé yīn yuè kè
马丽：今天有数学课和音乐课。

dà shān　　míng tiān yǒu shén me kè
大山：明天有什么课？

mǎ lì　　míng tiān yǒu diàn nǎo kè hé tǐ yù kè
马丽：明天有电脑课和体育课。

dà shān　　wǒ xǐ huan shàng zhōng wén kè hé yīng wén kè
大山：我喜欢上中文课和英文课。

　　　　nǐ ne
　　　　你呢？

mǎ lì　　wǒ xǐ huan shàng zhōng guó wén huà kè
马丽：我喜欢上中国文化课。

【认读汉字】
rèn dú hàn zì

kè

课

【学说词汇】
xué shuō cí huì

数学 . . . . . Mathsmatics
shù xué

音乐 . . . . . music
yīn yuè

电脑 . . . . . computer
diàn nǎo

体育 . . . . . P.E.
tǐ yù

上……课 . . . . . have...lesson
shàng kè

课 . . . . . lesson, subject
kè

中文 . . . . . Chinese language
zhōng wén

英文 . . . . . English language
yīng wén

中国文化 . . . . . Chinese culture
zhōng guó wén huà

【学说句子】
xué shuō jù zi

jīn tiān yǒu shén me kè
1. 今天有什么课？

jīn tiān yǒu shù xué kè hé yīn yuè kè
2. 今天有数学课和音乐课。

nǐ xǐ huan shàng shén me kè
3. 你喜欢上什么课？

wǒ xǐ huan shàng zhōng guó wén huà kè
4. 我喜欢上中国文化课。

tì huàn liàn xí

【替换练习】

1. 今天 有 中文课 和 体育课 。
   jīn tiān　　　　yǒu　zhōng wén kè　hé　tǐ yù kè

   明天　　　　　　　英文课　　　　音乐课
   míng tiān　　　　　yīng wén kè　　yīn yuè kè

   星期三　　　　　　数学课　　　　中国文化课
   xīng qī sān　　　　shù xué kè　　zhōng guó wén huà kè

   　　　　　　　　　电脑课
   　　　　　　　　　diàn nǎo kè

2. 我 喜欢上 中文课 。
   wǒ　xǐ huan shàng　zhōng wén kè

   大山　　　　　　　电脑课
   dà shān　　　　　　diàn nǎo kè

dì èr shí qī kè　　jǐ diǎn le
第 二 十 七 课　几 点 了？

dà shān　　xiàn zài jǐ diǎn le
大 山：现 在 几 点 了？

mā ma　　xiàn zài shì shàng wǔ liù diǎn
妈 妈：现 在 是 上 午 六 点，

nǐ yīng gāi qǐ chuáng le
你 应 该 起 床 了。

dà shān　　xiàn zài jǐ diǎn le
大 山：现 在 几 点 了？

bà ba　　xiàn zài shì shàng wǔ bā diǎn
爸 爸：现 在 是 上 午 八 点，

nǐ yīng gāi shàng xué le
你 应 该 上 学 了。

dà shān　　xiàn zài jǐ diǎn le
大 山：现 在 几 点 了？

lǎo shī　　xiàn zài shì shàng wǔ shí diǎn
老 师：现 在 是 上 午 十 点，

nǐ yīng gāi shàng zhōng wén kè le
你 应 该 上 中 文 课 了。

dà shān　　xiàn zài jǐ diǎn le
大 山：现 在 几 点 了？

lǎo shī　　xiàn zài shì zhōng wǔ shí èr diǎn
老 师：现 在 是 中 午 十 二 点，

nǐ yīng gāi chī fàn le
你 应 该 吃 饭 了。

起 床

上 学

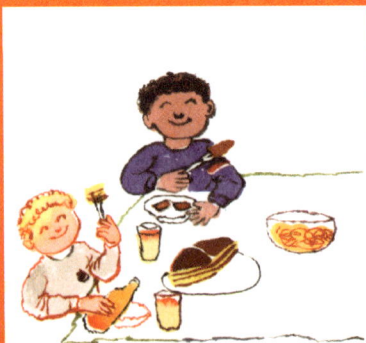

吃 饭

dà shān　　xiàn zài jǐ diǎn le
大山：现在几点了？

lǎo shī　　xiàn zài shì xià wǔ yī diǎn
老师：现在是下午一点，

　　　nǐ yīng gāi shàng zhōng guó wén huà
　　　你应该上中国文化

　　　kè le
　　　课了。

上课

dà shān　　xiàn zài jǐ diǎn le
大山：现在几点了？

lǎo shī　　xiàn zài shì xià wǔ sān diǎn
老师：现在是下午三点，

　　　nǐ yīng gāi huí jiā le
　　　你应该回家了。

回家

dà shān　　xiàn zài jǐ diǎn le
大山：现在几点了？

mā ma　　xiàn zài shì wǎn shang jiǔ diǎn
妈妈：现在是晚上九点，

　　　nǐ yīng gāi shuì jiào le
　　　你应该睡觉了。

睡觉

【认读汉字】
rèn dú hàn zì

diǎn   le   wǔ   wén
点   了   午   文

【默写汉字】
mò xiě hàn zì

le   wǔ   wén
了   午   文

【学说词汇】
xué shuō cí huì

jǐ diǎn le 几 点 了 . . . . . What time (is it)?	yīng gāi 应 该 . . . . . should
shàng wǔ 上 午 . . . . . morning	chī fàn 吃 饭 . . . . . have meals
qǐ chuáng 起 床 . . . . . get up	huí jiā 回 家 . . . . . go home
zhōng wǔ 中 午 . . . . . noon	shuì jiào 睡 觉 . . . . . go to bed
xià wǔ 下 午 . . . . . afternoon	wǎn shang 晚 上 . . . . . evening, night

xué shuō jù zi
【学说句子】

xiàn zài jǐ diǎn le
1．现在几点了？

xiàn zài shì shàng wǔ liù diǎn
现在是上午六点。

nǐ yīng gāi qǐ chuáng le
2．你应该起床了。

tì huàn liàn xí

【替换练习】

1. 现在是 上午 / 中午 / 下午 / 晚上 □点 。
   xiàn zài shì shàng wǔ / zhōng wǔ / xià wǔ / wǎn shang | diǎn

2. 你 / 我 应该 起床 / 上学 / 上课 / 回家 / 睡觉 / 吃饭 了 。
   nǐ / wǒ yīng gāi qǐ chuáng / shàng xué / shàng kè / huí jiā / shuì jiào / chī fàn le

第二十八课 什么车？
dì èr shí bā kè　　shén me chē

马丽： 这是什么车？
mǎ lì　　zhè shì shén me chē

大山： 这是自行车。
dà shān　　zhè shì zì xíng chē

马丽： 那是什么车？
mǎ lì　　nà shì shén me chē

小明： 那是摩托车。
xiǎo míng　　nà shì mó tuō chē

马丽： 你知道还有什么车？
mǎ lì　　nǐ zhī dào hái yǒu shén me chē

大山： 还有出租车和公共汽车。
dà shān　　hái yǒu chū zū chē hé gōng gòng qì chē

马丽： 你乘什么车上学？
mǎ lì　　nǐ chéng shén me chē shàng xué

大山： 我乘校车上学。
dà shān　　wǒ chéng xiào chē shàng xué

小明： 我不乘校车，我骑自行车
xiǎo míng　　wǒ bù chéng xiào chē　　wǒ qí zì xíng chē
　　　　　上学。
　　　　　shàng xué

rèn dú hàn zì
【认读汉字】

chē
车

mò xiě hàn zì
【默写汉字】

chē
车

xué shuō cí huì
【学说词汇】

chē
车 . . . . . vehicle

zì xíng chē
自 行 车 . . . . . bicycle

mó tuō chē
摩 托 车 . . . . . motorcycle

zhī dào
知 道 . . . . . know

chū zū chē
出 租 车 . . . . . taxi

gōng gòng qì chē
公 共 汽 车 . . . . . public bus

chéng
乘 . . . . . take (transportation)

xiào chē
校 车 . . . . . school bus

qí
骑 . . . . . ride

xué shuō jù zi
【学说句子】

nǐ chéng shén me chē shàng xué
1．你 乘 什 么 车 上 学 ？

wǒ chéng xiào chē shàng xué
2．我 乘 校 车 上 学 。

tì huàn liàn xí

【替换练习】

1.
zhè shì	shén me	chē
这 是	什 么	车
nà shì		shuǐ guǒ
那 是		水 果
		yán sè
		颜 色
		wán jù
		玩 具

这是什么车？

2.
nǐ	chéng shén me chē	shàng xué
你	乘 什 么 车	上 学
nǐ de péng you		huí jiā
你 的 朋 友		回 家
gē ge		
哥 哥		

你乘什么车上学？

3. 爸爸 乘 什 么 车 回 家 ？
　　老师

4. 我 乘 校 车 上 学 。
　　姐姐 出 租 车 回 家
　　　　公 共 汽 车

5. 我 骑 自 行 车 上 学 。
　　小 明 回 家

dì èr shí jiǔ kè mǎi dōng xi
第 二 十 九 课　买 东 西

yíng yè yuán　　nǐ yào mǎi shén me
营 业 员：你 要 买 什 么？

mǎ lì　　wǒ yào mǎi liǎng běn běn zi　duō shao qián
马 丽：我 要 买 两 本 本 子，多 少 钱？

yíng yè yuán　liǎng yuán
营 业 员：两 元。

mǎ lì　　gěi nǐ qián
马 丽：给 你 钱。

yíng yè yuán　gěi nǐ běn zi
营 业 员：给 你 本 子。

mǎ lì　　xiè xie
马 丽：谢 谢。

yíng yè yuán　　nǐ hái yào mǎi shén me ma
营 业 员：你 还 要 买 什 么 吗？

mǎ lì　　wǒ hái yào mǎi yì běn shū　duō shao qián
马 丽：我 还 要 买 一 本 书，多 少 钱？

yíng yè yuán　　èr shí yuán
营 业 员：二 十 元。

mǎ lì　　tài guì le
马 丽：太 贵 了，

wǒ bù mǎi le
我 不 买 了，

xiè xie
谢 谢。

99

【认读汉字】
rèn dú hàn zì

mǎi　shū
买　书

【默写汉字】
mò xiě hàn zì

mǎi
买

【学说词汇】
xué shuō cí huì

mǎi
买 . . . . . buy

yíng yè yuán
营 业 员 . . . . shop assistant

qián
钱 . . . . money

hái
还 . . . . also, too, in addition

tài
太 . . . . too

běn
本 . . . . a measure word for books, albums, etc.

dōng xi
东 西 . . . . things

běn zi
本 子 . . . . exercise book

yuán
元 . . . . yuan

shū
书 . . . . book

guì
贵 . . . . expensive

【学说句子】
xué shuō jù zi

nǐ yào mǎi shén me
1. 你要买什么？

wǒ yào mǎi liǎng běn běn zi　duō shao qián
2. 我要买两本本子，多少钱？

100

tì huàn liàn xí
【替换练习】

wǒ yào mǎi
1.我 要 买

liǎng běn běn zi
两 本 本 子
yì běn shū
一 本 书
sān zhī lí
三 只 梨

duō shao qián
，多 少 钱 ？

gěi nǐ
2.给 你

qián
钱
běn zi
本 子
shū
书
yī fu
衣 服
wán jù
玩 具

。

dì sān shí kè　　chī diǎn xin
第三十课　吃点心

dà shān　　jīn tiān nǐ chī shén me diǎn
大　山：今天你吃什么点

xin
　　　　心？

mǎ lì　　jīn tiān wǒ chī bǐng gān hé
马　丽：今天我吃饼干和

qiǎo kè lì　　nǐ ne
　　　　巧克力。你呢？

dà shān　　jīn tiān wǒ chī dàn gāo hé
大　山：今天我吃蛋糕和

bīng qí lín　　nǐ yào chī
　　　　冰淇淋。你要吃

táng ma
　　　　糖吗？

mǎ lì　　wǒ yào
马　丽：我要。

dà shān　　gěi nǐ
大　山：给你。

mǎ lì　　xiè xie
马　丽：谢谢。

dà shān　　bú yòng xiè
大　山：不用谢。

【认读汉字】
rèn dú hàn zì

吃　谢
chī　xiè

【默写汉字】
mò xiě hàn zì

吃
chī

【学说词汇】
xué shuō cí huì

点心 . . . . . snack
diǎn xin

巧克力 . . . . chocolate
qiǎo kè lì

冰淇淋 . . . . ice cream
bīng qí lín

不用谢 . . . . . You're welcome.
bú yòng xiè

饼干 . . . . biscuit
bǐng gān

蛋糕 . . . . cake
dàn gāo

糖 . . . . . candy
táng

xué shuō jù zi
【学说句子】

jīn tiān nǐ chī shén me diǎn xin
1. 今天你吃什么点心？

jīn tiān wǒ chī bǐng gān hé qiǎo kè lì
2. 今天我吃饼干和巧克力。

nǐ yào chī táng ma
3. 你要吃糖吗？

wǒ yào   wǒ bú yào
4. 我要 / 我不要。

xiè xie
5. 谢谢！

bú yòng xiè
不 用 谢。

tì huàn liàn xí
【替换练习】

jīn tiān wǒ chī
1.今天我吃

| bǐng gān hé qiǎo kè lì 饼 干 和 巧 克 力 |
| táng hé shuǐ guǒ 糖 和 水 果 |
| dàn gāo hé bīng qí lín 蛋 糕 和 冰 淇 淋 |
| |

。

nǐ yào chī
2.你要吃

| táng 糖 |
| qiǎo kè lì 巧 克 力 |
| cǎo méi 草 莓 |
| lí 梨 |
| |

ma
吗 ?

dì sān shí yī kè　　chī fàn
第 三 十 一 课　　吃 饭

mǎ lì　　　nǐ zǎo fàn chī le shén me
马丽：你早饭吃了什么？

dà shān　　　wǒ chī le miàn bāo hé jī dàn
大山：我吃了面包和鸡蛋。

mǎ lì　　　nǐ wǔ fàn chī le shén me
马丽：你午饭吃了什么？

dà shān　　　wǒ chī le mǐ fàn　huáng gua　hái yǒu jī ròu
大山：我吃了米饭、黄瓜，还有鸡肉。

mǎ lì　　　nǐ wǎn fàn chī le shén me
马丽：你晚饭吃了什么？

dà shān　　　wǒ chī le miàn tiáo　xiāng cháng　hái yǒu hú
大山：我吃了面条、香肠，还有胡

　　　　luó bo
　　　　萝卜。

nǐ zǎo fàn chī le shén me
你早饭吃了什么？

【认读汉字】

fàn　　ròu　　miàn
饭　肉　面

【学说词汇】

zǎo fàn
早饭. . . . breakfast

jī dàn
鸡蛋. . . . egg

mǐ fàn
米饭. . . . rice

jī ròu
鸡肉. . . . chicken

miàn tiáo
面条. . . . noodles

hú luó bo
胡萝卜. . . . carrot

miàn bāo
面包. . . . bread

wǔ fàn
午饭. . . . lunch

huáng gua
黄瓜. . . . cucumber

wǎn fàn
晚饭. . . . supper

xiāng cháng
香肠. . . . sausage

【学说句子】

nǐ zǎo fàn chī le shén me
1. 你早饭吃了什么？

wǒ chī le mǐ fàn　huáng gua　　hái yǒu jī ròu
2. 我吃了米饭、黄瓜，还有鸡肉。

tì huàn liàn xí
【替换练习】

1.
jīn tiān
今 天
zuó tiān
昨 天
xīng qī tiān
星 期 天

nǐ 你

zǎo fàn
早 饭
wǔ fàn
午 饭
wǎn fàn
晚 饭
diǎn xin
点 心

chī le shén me
吃 了 什 么 ？

2. wǒ chī le 我 吃 了

mǐ fàn xiāng cháng
米 饭、香 肠
bǐng gān táng
饼 干、糖

hái yǒu
，还 有

huáng gua
黄 瓜
bīng qí lín
冰 淇 淋

。

dì sān shí èr kè　　hē yǐn liào
第 三 十 二 课　　喝 饮 料

dà shān　　　nǐ xǐ huan hē shén me
大山：你喜欢喝什么？

mǎ lì　　　wǒ xǐ huan hē chá
马丽：我喜欢喝茶。

nǐ xǐ huan hē shén me
　　　你喜欢喝什么？

dà shān　　　wǒ xǐ huan hē bīng shuǐ
大山：我喜欢喝冰水。

109

mǎ lì　　nǐ xǐ huan hē kě kǒu kě lè ma
马丽：你喜欢喝可口可乐吗？

dà shān　　shì de　　hěn xǐ huan
大山：是的，很喜欢。

mǎ lì　　nǐ xǐ huan hē suān nǎi ma
马丽：你喜欢喝酸奶吗？

dà shān　　bù　　wǒ xǐ huan hē chéng zhī
大山：不，我喜欢喝橙汁。

mǎ lì　　nǐ bù xǐ huan hē shén me
马丽：你不喜欢喝什么？

dà shān　　wǒ bù xǐ huan hē niú nǎi
大山：我不喜欢喝牛奶。

nǐ ne
你呢？

mǎ lì　　wǒ dōu xǐ huan hē
马丽：我都喜欢喝。

nǐ xǐ huan hē shén me
你喜欢喝什么？

【 认读汉字 】 *rèn dú hàn zì*

hē shuǐ
喝 水

【 默写汉字 】 *mò xiě hàn zì*

shuǐ
水

【 学说词汇 】 *xué shuō cí huì*

hē
喝 . . . . . drink(verb)

chá
茶 . . . . . tea

shuǐ
水 . . . . . water

hěn xǐ huan
很 喜 欢 . . . . . like...very much

zhī
汁 . . . . juice

dōu
都 . . . . both, all

yǐn liào
饮 料 . . . . . drink(noun)

bīng
冰 . . . . . ice

kě kǒu kě lè
可 口 可 乐 . . . . .Coca-cola

suān nǎi
酸 奶 . . . . . yoghurt

niú nǎi
牛 奶 . . . . . milk

xué shuō jù zi
【学说句子】

nǐ xǐ huan hē shén me
1. 你喜欢喝什么？

wǒ xǐ huan hē chá
2. 我喜欢喝茶。

nǐ xǐ huan hē kě kǒu kě lè ma
3. 你喜欢喝可口可乐吗？

shì de hěn xǐ huan
4. 是的，很喜欢。

nǐ bù xǐ huan hē shén me
5. 你不喜欢喝什么？

wǒ shén me dōu xǐ huan hē
6. 我什么都喜欢喝。

【替换练习】

1.

xī guā 西瓜	zhī 汁
píng guǒ 苹果
chéng 橙
hú luó bo 胡萝卜

2.

wǒ 我	xǐ huan hē 喜欢喝	chá 茶	。
nǐ 你		kě kǒu kě lè 可口可乐	
tā tā 他（她）		chéng zhī 橙汁	
lǎo shī 老师		niú nǎi 牛奶	
bà ba 爸爸		suān nǎi 酸奶	
mā ma 妈妈		bīng shuǐ 冰水	

3.
nǐ xǐ huan hē　niú nǎi ma
你 喜 欢 喝 牛 奶 吗 ？

chá
茶

shì de ， hěn xǐ huan
是 的 ， 很 喜 欢　。

bù ， wǒ bù xǐ huan hē
不 ， 我 不 喜 欢 喝

第三十三课　在饭店
dì sān shí sān kè　　zài fàn diàn

大山：我饿了。
dà shān　wǒ è le

服务员：你们要吃什么？
fú wù yuán　nǐ men yào chī shén me

马丽：我要吃汉堡包、三明治和薯条。
mǎ lì　wǒ yào chī hàn bǎo bāo　sān míng zhì hé shǔ tiáo

大山：我要吃面包、番茄和鱼。
dà shān　wǒ yào chī miàn bāo　fān qié hé yú

服务员：你们要喝什么汤？
fú wù yuán　nǐ men yào hē shén me tāng

马丽：我要喝鱼汤。
mǎ lì　wǒ yào hē yú tāng

大山：我要喝蛋汤。
dà shān　wǒ yào hē dàn tāng

服务员：你们还要喝什么饮料？
fú wù yuán　nǐ men hái yào hē shén me yǐn liào

马丽：我要喝苹果汁。
mǎ lì　wǒ yào hē　píng guǒ zhī

大山：我要喝橙汁。
dà shān　wǒ yào hē　chéng zhī

【认读汉字】

rèn dú hàn zì

yào   yú   tāng
要　鱼　汤

【学说词汇】

xué shuō cí huì

fàn diàn
饭店 . . . . . restaurant

è
饿 . . . . . hungry

fú wù yuán
服务员 . . . . waiter, waitress

hàn bǎo bāo
汉堡包 . . . . . hamburger

sān míng zhì
三明治 . . . . . sandwich

shǔ tiáo
薯条 . . . . frenchfries

fān qié
番茄 . . . . . tomato

yú
鱼 . . . . . fish

tāng
汤 . . . . . soup

dàn
蛋 . . . . . egg

hǎo chī
好吃 . . . . . delicious

bǎo
饱 . . . . . full

【学说句子】

xué shuō jù zi

nǐ men yào chī shén me
1. 你们要吃什么？

nǐ men yào hē shén me tāng
2. 你们要喝什么汤？

nǐ men hái yào hē shén me yǐn liào
3. 你们还要喝什么饮料？

tì huàn liàn xí

【替换练习】

1.
ròu 肉	tāng 汤
dàn 蛋	
jī 鸡	

2.
wǒ 我	yào chī 要吃	hàn bǎo bāo sān míng zhì hé shǔ tiáo 汉堡包、三明治和薯条。
jiě jie 姐姐		miàn tiáo fān qié hé yú 面条、番茄和鱼

3.
wǒ 我	yào hē 要喝	píng guǒ zhī 苹果汁。
bà ba 爸爸		chéng zhī 橙汁

4.

nǐ men 你们
tā men 他们
xiǎo péng you men 小朋友们

要

chī 吃
hē 喝
wán 玩
mǎi 买

什么？

dì sān shí sì kè　　ná dōng xi
第 三 十 四 课　　拿 东 西

马丽： 请帮我拿一个盘子、一个杯
子和一个碗，好吗？

大山： 好的，给你。

马丽： 谢谢。

大山： 不客气。你还要拿什么？

马丽： 我还要拿叉子、勺子和筷子。

大山： 好的，给你。

马丽： 谢谢。

大山： 不客气。

119

【认读汉字】

ná　　　　qǐng

拿　　请

xué shuō cí huì
【学说词汇】

ná
拿 . . . . . take, bring

qǐng
请 . . . . . please

bāng
帮 . . . . . help

pán zi
盘 子 . . . . . plate

bēi zi
杯 子 . . . . . cup, glass

wǎn
碗 . . . . bowl

hǎo de
好 的 . . . . . OK, okay

bú kè qì
不 客 气 . . . . . You're welcome.

chā zi
叉 子 . . . . fork

sháo zi
勺 子 . . . . . spoon

kuài zi
筷 子 . . . . chopsticks

xué shuō jù zi
【学说句子】

qǐng bāng wǒ ná yí gè pán zi   hǎo ma
1. 请 帮 我 拿 一 个 盘 子 ， 好 吗 ？

hǎo de   gěi nǐ
2. 好 的 ， 给 你 。

nǐ hái yào ná shén me
3. 你 还 要 拿 什 么 ？

xiè xie
4. 谢 谢 。

bú kè qì
不 客 气 。

tì huàn liàn xí

【替换练习】

1. qǐng nǐ bāng wǒ ná 请你帮我拿

yí 一	gè 个	pán zi 盘子
liǎng 两		wǎn 碗

。

2.

nǐ 你
jiě jie 姐姐

hái yào 还要

ná 拿
chī 吃
wán 玩
kàn 看

shén me 什么 ？

dì sān shí wǔ kè
第三十五课

jiè dōng xi
借东西

mǎ lì　　wǒ kě yǐ jiè nǐ de xiàng pí ma
马丽：我可以借你的橡皮吗？

dà shān　　kě yǐ　　gěi nǐ
大山：可以，给你。

mǎ lì　　wǒ kě yǐ jiè nǐ de jiǎn dāo hé
马丽：我可以借你的剪刀和

gù tǐ jiāo ma
固体胶吗？

dà shān　　kě yǐ　　gěi nǐ
大山：可以，给你。

mǎ lì　　xiè xie
马丽；谢谢。

dà shān　　bú yòng xiè　　　wǒ kě yǐ jiè nǐ
大山：不用谢。我可以借你

de shū ma
的书吗？

mǎ lì　　kě yǐ　　gěi nǐ
马丽：可以，给你。

dà shān　　xiè xie
大山：谢谢。

mǎ lì　　bú yòng xiè
马丽：不用谢。

dà shān　　wǒ kě yǐ jiè nǐ de bǐ ma
大山：我可以借你的笔吗？

马丽：你要借铅笔还是蜡笔？

大山：我要借毛笔。

马丽：好，给你。

大山：我还要借纸。

马丽：好，给你。

大山：谢谢！

马丽：不用谢。

【 认读汉字 】
rèn dú hàn zì

kě yǐ
可 以

【 默写汉字 】
mò xiě hàn zì

kě
可

【 学说词汇 】
xué shuō cí huì

jiè
借 . . . . . borrow

kě yǐ
可 以 . . . . . may

xiàng pí
橡 皮 . . . . . rubber

jiǎn dāo
剪 刀 . . . . . scissors

gù tǐ jiāo
固 体 胶 . . . . . glue stick

qiān bǐ
铅 笔 . . . . . pencil

là bǐ
蜡 笔 . . . . . crayon

máo bǐ
毛 笔 . . . . . Chinese brush

zhǐ
纸 . . . . . paper

【学说句子】

1. 我可以借你的橡皮吗？
2. 可以，给你。
3. 你要借铅笔还是蜡笔？
4. 我要借毛笔。

tì huàn liàn xí
【替换练习】

1.
là	bǐ
蜡	笔
qiān	
铅	
máo	
毛	

2. wǒ kě yǐ jiè
我 可 以 借

nǐ	de	
你	的	
tā	de	
他	的	
mèi	mei	de
妹	妹	的
lǎo	shī	de
老	师	的

xiàng	pí	ma
橡	皮	吗？
wá	wa	
娃	娃	
jiǎn	dāo	
剪	刀	
zhǐ		
纸		

3. 你 要借 毛笔 还是 蜡笔 ？
nǐ yào jiè máo bǐ hái shi là bǐ

lǎo shī 老 师	dà jiǎn dāo 大 剪 刀	xiǎo jiǎn dāo 小 剪 刀

4. 我 要 借 固体胶 。
wǒ yào jiè gù tǐ jiāo

xiǎo jiǎn dāo 小 剪 刀

dì sān shí liù kè
第三十六课
zhù nǐ shēng rì kuài lè
祝你生日快乐！

dà shān　　zhè shì shén me
大山：这是什么？

mǎ lì　　zhè shì shēng rì dàn gāo
马丽：这是生日蛋糕。

dà shān　　nà shì shén me
大山：那是什么？

mǎ lì　　nà shì shēng rì kǎ hé shēng rì lǐ wù
马丽：那是生日卡和生日礼物。

dà shān　　jīn tiān shì nǐ de shēng rì ma
大山：今天是你的生日吗？

mǎ lì　　shì de
马丽：是的。

dà shān　　zhù nǐ shēng rì kuài lè
大山：祝你生日快乐！

mǎ lì　　xiè xie　　nǐ de shēng rì shì jǐ yuè jǐ rì
马丽：谢谢。你的生日是几月几日？

dà shān　　wǒ de shēng rì shì yī yuè
大山：我的生日是一月

èr shí sān rì
二十三日。

【 认读汉字 】
rèn dú hàn zì

shēng kuài lè
生　快　乐

【 学说词汇 】
xué shuō cí huì

zhù
祝. . . . . wish

shēng rì
生 日. . . . birthday

kuài lè
快乐. . . . happy

shēng rì dàn gāo
生 日 蛋 糕. . . . birthday cake

shēng rì kǎ
生 日 卡. . . . birthday card

【 学说句子 】
xué shuō jù zi

jīn tiān shì nǐ de shēng rì ma
1. 今 天 是 你 的 生 日 吗 ？

zhù nǐ shēng rì kuài lè
2. 祝 你 生 日 快 乐 ！

nǐ de shēng rì shì jǐ yuè jǐ rì
3. 你 的 生 日 是 几 月 几 日 ？

wǒ de shēng rì shì yī yuè èr shí sān rì
我 的 生 日 是 一 月 二 十 三 日 。

tì huàn liàn xí

【替换练习】

1. shēng rì 生 日

| lǐ wù 礼 物 |
| dàn gāo 蛋 糕 |
| kǎ 卡 |
| |

2. zhù nǐ shēng rì kuài lè 祝 你 生 日 快 乐 ！

| jià qī 假 期 |
| |

3. wǒ 我 de shēng rì shì 的 生 日 是

| mā ma 妈 妈 |
| lǎo shī 老 师 |
| |

yī 一 yuè 月

| liù 六 |
| shí èr 十 二 |
| |

shí 十 rì 日。

| jiǔ 九 |
| èr shí sān 二 十 三 |
| |

dì sān shí qī kè　　nǐ huì zuò shén me
第 三 十 七 课　　你 会 做 什 么 ？

dà shān　　　　nǐ huì zuò shén me
大 山 ： 你 会 做 什 么 ？

mǎ lì　　　　wǒ huì chàng gē　　　　nǐ ne
马 丽 ： 我 会 唱 歌 。　 你 呢 ？

dà shān　　　　wǒ huì tiào wǔ　　　　nǐ hái huì zuò shén me
大 山 ： 我 会 跳 舞 。　 你 还 会 做 什 么 ？

mǎ lì　　　　wǒ hái huì xiě zì hé huà huà　　　　nǐ ne
马 丽 ： 我 还 会 写 字 和 画 画 。　 你 呢 ？

dà shān　　　　wǒ yě huì xiě zì hé huà huà
大 山 ： 我 也 会 写 字 和 画 画 。

rèn dú hàn zì
【认读汉字】

huì huà yě
会　　画　　也

mò xiě hàn zì
【默写汉字】

huì yě
会　　也

xué shuō cí huì
【学说词汇】

huì
会 . . . . . can

zuò
做 . . . . . do

chàng gē
唱歌 . . . . . sing

tiào wǔ
跳 舞 . . . . . dance

huà huà
画画 . . . . . draw

xiě zì
写字 . . . . . write

xué shuō jù zi
【学说句子】

nǐ huì zuò shén me
1. 你会做什么？

nǐ hái huì zuò shén me
2. 你还会做什么？

wǒ huì chàng gē　　wǒ hái huì xiě zì hé huà huà
3. 我会唱歌，我还会写字和画画。

mǎ lì huì xiě zì hé huà huà　　dà shān yě huì
4. 马丽会写字和画画，大山也会

xiě zì hé huà huà
写字和画画。

tì huàn liàn xí
【替换练习】

1.
wǒ	huì	chàng gē	。
我	会	唱 歌	
jiě jie		tiào wǔ	
姐 姐		跳 舞	

2.
wǒ　huì
我　会
chàng gē
唱 歌
xiě zì
写 字
，
wǒ　hái　huì
我　还　会
tiào wǔ
跳 舞
huà huà
画 画
。

3.
wǒ de péng you
我 的 朋 友
mǎ lì
马 丽
huì xiě zì hé huà huà
会 写 字 和 画 画 ，

wǒ
我
dà shān
大 山
yě huì xiě zì hé huà huà
也 会 写 字 和 画 画 。

dì sān shí bā kè　wǒ de fáng jiān
第三十八课　我的房间

mǎ lì　　　　nǐ hǎo　huān yíng nǐ lái wǒ de fáng jiān
马丽：你好，欢迎你来我的房间。

dà shān　　　nǐ de jiā zhēn dà
大山：你的家真大！

mǎ lì　　　zhè shì wǒ de fáng jiān
马丽：这是我的房间。

zài wǒ de fáng jiān lǐ yǒu bái sè de mén
在我的房间里有白色的门、

lán sè de chuāng huáng sè de zhuō zi lǜ
蓝色的窗、黄色的桌子、绿

sè de yǐ zi fěn hóng sè de chuáng hái
色的椅子、粉红色的床，还

yǒu huī sè de dì tǎn
有灰色的地毯。

dà shān　　zhēn piào liang
大山：真漂亮！

mǎ lì　　　xiè xie
马丽：谢谢。

【 认读汉字 】
rèn dú hàn zì

fáng　　mén　　lái
房　　门　　来

【 默写汉字 】
mò xiě hàn zì

mén
门

【 学说词汇 】
xué shuō cí huì

fáng jiān
房 间 . . . . . room

lái
来 . . . . . come

chuāng
窗 . . . . window

yǐ zi
椅 子 . . . . . chair

chuáng
床 . . . . bed

dì tǎn
地 毯 . . . . carpet

huān yíng
欢 迎 . . . . . welcome

mén
门 . . . . . door

zhuō zi
桌 子 . . . . table

fěn hóng
粉 红 . . . . . pink

huī sè
灰 色 . . . . grey

piào liang
漂 亮 . . . . . nice, beautiful

【 学说句子 】
xué shuō jù zi

huān yíng nǐ lái wǒ de jiā
1. 欢 迎 你 来 我 的 家 。

nǐ de jiā zhēn dà
2. 你 的 家 真 大 。

137

tì huàn liàn xí
【替换练习】

1. 红色 的 桌子
hóng sè de zhuō zi

绿色 椅子
lù sè yǐ zi

2. 欢迎 你 来 我的家 。
huān yíng nǐ lái wǒ de jiā

大家 我的学校
dà jiā wǒ de xué xiào

3. 真 大 ！
zhēn dà

小
xiǎo

多
duō

少
shǎo

好
hǎo

漂亮
piào liang

dì sān shí jiǔ kè　　dǎ diàn huà
第三十九课　打电话

dà shān　　　　wèi　　　nǐ hǎo
大山：　喂，　你好！

mǎ lì　　　nǐ hǎo　　qǐng wèn dà shān zài ma
马丽：　你好！　请问大山在吗？

dà shān　　　wǒ shì dà shān　　　nǐ shì shuí
大山：　我是大山。　你是谁？

mǎ lì　　　wǒ shì mǎ lì
马丽：　我是马丽。

dà shān　　　nǐ yǒu shén me shì ma
大山：　你有什么事吗？

mǎ lì　　　jīn tiān shì wǒ de shēng rì
马丽：　今天是我的生日，

　　　　lái wǒ jiā wán　　　hǎo ma
　　　　来我家玩，　好吗？

dà shān　　　hǎo
大山：　好。

mǎ lì　　　wǒ děng nǐ　　　zài jiàn
马丽：　我等你。　再见！

dà shān　　　zài jiàn
大山：　再见！

rèn dú hàn zì
【认读汉字】

wèn　　zài
问　　在

mò xiě hàn zì
【默写汉字】

wèn
问

xué shuō cí huì
【学说词汇】

dǎ diàn huà
打 电 话 . . . . . make a telephone call

diàn huà
电 话 . . . . . telephone

qǐng wèn
请 问 . . . . Excuse me would you please (tell me)

wèn
问 . . . . . ask

děng
等 . . . . wait

shì
事 . . . . . thing, matter

xué shuō jù zi
【学说句子】

qǐng wèn dà shān zài ma
1. 请 问 大 山 在 吗？

nǐ yǒu shén me shì ma
2. 你 有 什 么 事 吗？

lái wǒ jiā wán　　hǎo ma
3. 来 我 家 玩， 好 吗？

wǒ děng nǐ
4. 我 等 你。

tì huàn liàn xí

【替换练习】

1.
qǐng wèn 请 问 xiǎo míng 小 明 zài ma 在 吗 ？

lǎo shī 老 师

2.
wǒ 我 děng 等 nǐ 你 。

mā ma 妈 妈 bà ba 爸 爸

3.
lái wǒ 来 我 jiā 家 wán hǎo ma 玩 ，好 吗 ？

xué xiào 学 校

4.
nǐ 你 yǒu shén me shì ma 有 什 么 事 吗 ？

mā ma 妈 妈

nǐ de péng you 你 的 朋 友

dì sì shí kè　　　nǐ zhù zài nǎ li

第四十课　你住在哪里？

mǎ lì　　　　nǐ zhù zài nǎ li
马丽：　你住在哪里？

dà shān　　　　wǒ zhù zài hóng qiáo lù hóng qiáo huā yuán shí wǔ
大山：　我住在虹桥路虹桥花园十五

hào　　　　nǐ zhù zài nǎ li
号。你住在哪里？

mǎ lì　　　　wǒ zhù zài jīn lóng gōng yù bā hào sì líng wǔ
马丽：　我住在金龙公寓八号四〇五

shì　　　wǒ de hǎo péng you zhù zài xī jiāo bié
室，我的好朋友住在西郊别

shù　　　wǒ men dōu zhù zài gǔ běi xīn qū
墅。我们都住在古北新区。

rèn dú hàn zì
【认读汉字】

lù　　hào　　huā
路　　号　　花

xué shuō cí huì
【学说词汇】

zhù
住 . . . . . live

lù
路 . . . . . road, way

huā yuán
花 园 . . . . garden

shí wǔ
十 五 . . . . . fifteen

hào
号 . . . . number

gōng yù
公 寓 . . . . flat, apartment

shì
室 . . . . room

bié shù
别 墅 . . . . . villa

gǔ běi xīn qū
古 北 新 区 . . . . . Gubei New Area

xué shuō jù zi
【学说句子】

nǐ zhù zài nǎ li
1. 你 住 在 哪 里 ?

wǒ zhù zài jīn lóng gōng yù bā hào
2. 我 住 在 金 龙 公 寓 八 号 。

tì huàn liàn xí

【替换练习】

1.

nǐ 你	zhù zài nǎ li 住 在 哪 里 ？
lǎo shī 老 师	

2.

wǒ 我	zhù zài 住 在	nán jīng lù 南 京 路	。
tā 他		gǔ běi xīn qū 古 北 新 区	
lǎo shī 老 师		hóng qiáo lù xī jiāo bié shù 虹 桥 路 西 郊 别 墅	
dà shān 大 山		jīn lóng gōng yù bā hào sì líng wǔ shì 金 龙 公 寓 八 号 四 〇 五 室	

dì sì shí yī kè　　　　shàng hǎi dòng wù yuán

第四十一课　　上海动物园

xiǎo lán　　　　nǐ qù guo shàng hǎi dòng wù yuán ma
小 兰：你 去 过 上 海 动 物 园 吗？

xiǎo míng　　　qù guo
小 明：去 过。

xiǎo lán　　　nǐ kàn jiàn le nǎ xiē dòng wù
小 兰：你 看 见 了 哪 些 动 物？

xiǎo míng　　　wǒ kàn jiàn le dà xióng māo　dà xiàng hé hé
小 明：我 看 见 了 大 熊 猫、大 象 和 河

mǎ　　　nǐ ne
马。你 呢？

xiǎo lán　　　wǒ kàn jiàn le lǎo hǔ　shī zi hé hóu
小 兰：我 看 见 了 老 虎、狮 子 和 猴

zi　　　nǐ xǐ huan shén me dòng wù
子。你 喜 欢 什 么 动 物？

xiǎo míng　　　wǒ xǐ huan dà xióng māo　nǐ ne
小 明：我 喜 欢 大 熊 猫。你 呢？

xiǎo lán　　　wǒ xǐ huan hóu zi hé niǎo
小 兰：我 喜 欢 猴 子 和 鸟。

145

【认读汉字】
rèn dú hàn zì

dòng yuán niǎo
动 园 鸟

【学说词汇】
xué shuō cí huì

dòng wù 动 物 . . . . animal	dòng wù yuán 动 物 园 . . . . zoo
qù guo 去 过 . . . . have been to	kàn jiàn 看 见 . . . . see
nǎ xiē 哪 些 . . . . which	dà xiàng 大 象 . . . . elephant
hé mǎ 河 马 . . . . hippopotamus	dà xióng māo 大 熊 猫 . . . . giant panda
hóu zi 猴 子 . . . . monkey	lǎo hǔ 老 虎 . . . . tiger
niǎo 鸟 . . . . bird	shī zi 狮 子 . . . . lion

【学说句子】
xué shuō jù zi

nǐ qù guo shàng hǎi dòng wù yuán ma
1．你 去 过 上 海 动 物 园 吗？

nǐ kàn jiàn le nǎ xiē dòng wù
2．你 看 见 了 哪 些 动 物？

wǒ kàn jiàn le dà xióng māo dà xiàng hé hé mǎ
3．我 看 见 了 大 熊 猫、大 象 和 河 马。

146

tì huàn liàn xí
【替换练习】

1.
qù	guo
去	过

kàn
看

chī
吃

2.
nǐ		qù	guo	shàng	hǎi	dòng	wù	yuán	ma
你		去	过	上	海	动	物	园	吗 ？

mǎ	lì
马	丽

xué	xiào
学	校

3.
nǐ kàn jiàn le nǎ xiē
你 看 见 了 哪 些

dòng	wù
动	物	？

péng	you
朋	友

4.
wǒ kàn jiàn le
我 看 见 了

dà xióng māo	dà xiàng	hé	hé	mǎ
大 熊 猫 、	大 象 和	河	马	。

mǎ lì	dà shān	xiǎo lán	hé	lǎo shī
马 丽 、	大 山 、	小 兰 和	老 师	

dì sì shí èr kè　　xiào yuán
第四十二课　　校园

dà shān　　　nǐ shì dì yī cì lái wǒ men xué xiào ma
大山：你是第一次来我们学校吗？

mǎ lì　　shì de
马丽：是的。

dà shān　　yì qǐ qù kàn kan wǒ men de xiào yuán　　hǎo ma
大山：一起去看看我们的校园，好吗？

mǎ lì　　hǎo
马丽：好。

dà shān　　zhè shì jiào xué lóu　　nà shì cāo chǎng
大山：这是教学楼，那是操场。

mǎ lì　　nǐ de jiào shì zài nǎ li
马丽：你的教室在哪里？

dà shān　　wǒ de jiào shì zài yī lóu
大山：我的教室在一楼。

mǎ lì　　nǐ men yǒu tú shū guǎn ma
马丽：你们有图书馆吗？

wǒ de jiào shì zài yī lóu
我的教室在一楼。

耀中國際學校

大山：有，图书馆在二楼。

马丽：这是什么房间？

大山：这是礼堂，我们在礼堂开校会。

马丽：你们的礼堂真大！那是什么房间？

大山：那是电脑房。我们还有音乐室。

马丽：你们学校真好！

耀中國際學校

rèn dú hàn zì
【认读汉字】

xiào　　lóu

校　　楼

xué shuō cí huì
【学说词汇】

xiào yuán
校园 . . . . . campus

dì　yī　cì
第一次 . . . . . the first time

jiào xué lóu
教学楼 . . . . . school building

cāo chǎng
操场 . . . . . field

jiào shì
教室 . . . . . classroom

tú　shū　guǎn
图书馆 . . . . . library

lǐ　táng
礼堂 . . . . . hall

xiào huì
校会 . . . . . assembly

diàn nǎo fáng
电脑房 . . . . . computer room

yīn yuè shì
音乐室 . . . . . music room

xué shuō jù zi
【学说句子】

nǐ　shì　dì　yī　cì　lái　wǒ men xué xiào ma
1.你是第一次来我们学校吗？

wǒ men zài lǐ táng kāi xiào huì
2.我们在礼堂开校会。

tì huàn liàn xí
【替换练习】

nǐ shì dì yī cì lái
1. 你 是 第 一 次 来

wǒ men xué xiào ma
我 们 学 校 吗？
zhōng guó
中 国
shàng hǎi
上 海

wǒ men zài
2. 我 们 在

	tú shū guǎn		kàn shū
wǒ men	tú shū guǎn		kàn shū
我 们	图 书 馆		看 书
tā men	jiào shì		shàng zhōng wén kè
他 们	教 室		上 中 文 课

。

dì sì shí sān kè　wǒ xǐ huan xué zhōng wén

第四十三课 我喜欢学中文

mǎ lì　　　　nǐ xǐ huan xué zhōng wén ma
马丽：　你喜欢学中文吗？

dà shān　　　wǒ xǐ huan xué zhōng wén
大山：　我喜欢学中文。

mǎ lì　　　jīn nián nǐ xué le duō shao hàn zì
马丽：　今年你学了多少汉字？

dà shān　　jīn nián wǒ xué le yì bǎi wǔ shí gè hàn zì
大山：　今年我学了一百五十个汉字。

mǎ lì　　　　nǐ xǐ huan nǎ yì piān kè wén
马丽：　你喜欢哪一篇课文？

dà shān　　wǒ xǐ huan　　zài fàn diàn　zhè piān kè wén
大山：　我喜欢《在饭店》这篇课文。

mǎ lì　　　nǐ de zhōng wén lǎo shī shì shuí
马丽：　你的中文老师是谁？

nǐ xǐ huan tā ma
你喜欢她吗？

dà shān　　wǒ de zhōng wén lǎo shī shì chén lǎo shī
大山：　我的中文老师是陈老师，

wǒ hěn xǐ huan tā
我很喜欢她。

wǒ men xǐ huan xué zhōng wén
我们喜欢学中文！

耀中國際學校

153

rèn dú hàn zì
【认读汉字】

zì　　　xué
字　　　学

mò xiě hàn zì
【默写汉字】

zì
字

xué shuō cí huì
【学说词汇】

xué
学 . . . . . learn, study

hàn zì
汉字 . . . . . Chinese character

piān
篇 . . . . . a measure word for article, paper, etc.

jīn nián
今年 . . . . . this year

bǎi
百 . . . . . hundred

xué shuō jù zi
【学说句子】

jīn nián nǐ xué le duō shao hàn zì
1. 今年你学了多少汉字？

jīn nián wǒ xué le yì bǎi wǔ shí gè hàn zì
2. 今年我学了一百五十个汉字。

nǐ xǐ huan nǎ yì piān kè wén
3. 你喜欢哪一篇课文？

wǒ xǐ huan zài fàn diàn zhè piān kè wén
4. 我喜欢《在饭店》这篇课文。

tì huàn liàn xí

【替换练习】

1. 今年 你 学了多少 汉字 ?
   jīn nián nǐ xué le duō shao hàn zì

nǐ			hàn zì
你			汉 字
jiě jie			kè wén
姐 姐			课 文
dì di			
弟 弟			

2. 你 喜 欢 哪 一 篇 课 文 ?
   nǐ xǐ huan nǎ yì piān kè wén

yì piān kè wén
一 篇 课 文
yì zhī xiǎo jī
一 只 小 鸡
yí gè yuè
一 个 月

3. 我 喜欢 《在饭店》 这篇课文。
   wǒ xǐ huan zài fàn diàn zhè piān kè wén

wǒ	xǐ huan	zài fàn diàn	zhè piān kè wén
我	喜欢	《在饭店》	这篇课文
lǎo shī		duō hé shǎo	
老 师		《多和少》	

☺ nǐ rèn shi zhè xiē hàn zì ma

你 认 识 这 些 汉 字 吗 ？

Do you know these characters?

☺ hēi sè de hàn zì shì rèn dú hàn zì

黑 色 的 汉 字 是 认 读 汉 字 。

Black characters are required to be recognized.

☺ hóng sè de hàn zì shì mò xiě hàn zì

红 色 的 汉 字 是 默 写 汉 字 。

Red characters are required to be written.

☺ zǒng zì shù yì bǎi sān shí èr gè

总 字 数 ： 一 百 三 十 二 个

Total: 132

☺ mò xiě zì shù liù shí yī gè

默 写 字 数 ： 六 十 一 个

Total of written characters: 61

生字表（一）　New Characters 1

B：　八　爸　白　不

C：　车　吃

D：　的　点　大　多　动

E：　二　耳

F：　风　饭　房

G：　国　个　果　给

H：　好　和　红　黄　黑　欢　火　喝
　　　会　画　号　花

J：　见　九　几　今　家

K：　课　口　看　可　快

L：　老　六　蓝　绿　了　乐　来　路　楼

M：　妈　么　买　面　们　门　明

N：　你　男　女　那　年　拿　鸟

P：　朋

Q：　七　期　气　去　请

R：　人　日　肉

S：　师　是　三　四　十　岁　上　手　什
　　　说　色　书　水　少　生　山

T：　天　他　她　头　听　汤

W：　我　五　玩　午　文　问

X：　星　下　喜　小　写　谢　校　学

Y：　友　一　月　有　眼　牙　用　衣　雨
　　　要　鱼　也　园

Z：　再　中　这　走　早　真　子　在　字　昨

157

生字表（二）　New Characters 2

第一课：你，我

第二课：再，见，好

第三课：男，女，他，她，和，是

第四课：朋，友

第五课：老，师

第六课：国，人

第七课：一，二，三，四，五，六，七，八，九，十

第八课：几，岁

第九课：今，天，明，昨

第十课：月，日，星，期

第十一课：家，有，个，爸，妈

第十二课：多，少，们

第十三课：上，中，下，眼，耳

第十四课：这，头，手，口，牙，什，么

第十五课：看，说，听，走，用

第十六课：早，真

第十七课：那，果

第十八课：大，小，给

第十九课：红，黄，蓝，绿，白

第二十课：黑，色

第二十一课：衣，的，子

第二十二课：山，去

第二十三课：喜，欢，玩，火

第二十四课：雨，风，不，气

第二十五课：年

第二十六课：课

第二十七课：点，了，午，文

第二十八课：车

第二十九课：买，书

第三十课：吃，谢

第三十一课：饭，肉，面

第三十二课：喝，水

第三十三课：要，鱼，汤

第三十四课：拿，请

第三十五课：可，以

第三十六课：生，快，乐

第三十七课：会，画，也

第三十八课：房，门，来

第三十九课：问，在

第四十课：路，号，花

第四十一课：动，园，鸟

第四十二课：校，楼

第四十三课：字，学

本教材及配套练习各五册，每册各有语言训练的侧重，但都同时兼顾听、说、读、写的均衡发展。本教材专为中文为非母语的学生设计和编写，可作为学校中文非母语教学的系统教材，亦是学生自学的首选。

每分册的主要特色是：

第一、二册听、说领先，培养语感，激发兴趣。

第三册承前启后，引发阅读兴趣，培养良好的阅读习惯。

第四、五册读、写为重，掌握阅读技巧，学习写作方法。

课文图文并茂，练习形式丰富。

创设愉快的学习氛围；在循序渐进中轻松习得。

编写委员会：陈保琼、吕子德、张泓、何维佶

本册编写：何维佶、陈杰妮、章蕾、魏瑾、徐琛

统　　稿：张泓、何维佶

鸣　　谢：郑伟鸣、陈庆　Michael Johnson(麦克)

封面照片：上海耀中国际学校学生

Thibaut Laberty　（法国）

Pauline Rancon　（法国）

Joshua Glover　（美国）

Christian Hemerling　（加拿大）

Yu Lim Oh　（韩国）

Hong Suk Kim　（韩国）

Oona Kuikka　（芬兰）